天然林全面商业禁伐
对中国森林资源和木材安全
影响及防范研究

赵 荣 等 ▣ 著

中国林业出版社
China Forestry Publishing House

图书在版编目(CIP)数据

天然林全面商业禁伐对中国森林资源和木材安全影响及防范研究/赵荣
等著.—北京:中国林业出版社,2023.7
ISBN 978-7-5219-2288-2

Ⅰ.①天… Ⅱ.①赵… Ⅲ.①森林资源-资源管理-研究-中国
②木材工业-研究-中国 Ⅳ.①F326.2 ②F426.88

中国国家版本馆 CIP 数据核字(2023)第 148895 号

《天然林全面商业禁伐对中国森林资源
和木材安全影响及防范研究》
著者名单

赵 荣 陈绍志 刁 钢 李秋娟 张 倩

责任编辑:于界芬 李丽菁

出版发行 中国林业出版社
(100009,北京市西城区刘海胡同 7 号,电话 83143542)
电子邮箱 cfphzbs@163.com
网 址 www.forestry.gov.cn/lycb.html
印 刷 北京中科印刷有限公司
版 次 2023 年 7 月第 1 版
印 次 2023 年 7 月第 1 次印刷
开 本 710mm×1000mm
印 张 8.625 彩插 24
字 数 190 千字
定 价 58.00 元

中国是世界第二大工业原木消耗国、第一大原木进口国。2020年，原木消耗量达到了 23973.74 万立方米，占世界工业原木总消耗量的 12.08%；木材进口量达到了 5954 万立方米，占世界贸易量的 43.97%。中国森林资源相对匮乏，森林面积为 22044.62 万公顷，森林覆盖率只有 22.96%；人均森林资源保有量只有世界的 16%。为了有效保护森林资源，中国从 1998 年就开始的天然林保护工程取得了显著的成效，天然林蓄积量从 2000 年的 91 亿立方米增长到 2018 年的 137 亿立方米。天然林占森林蓄积量的 80.34%，是木材供给的主要来源。2015 年开始实施的天然林全面商业禁伐政策是天然林保护工程实施以来力度最大、范围最广的，且采用了"一刀切"的方式在全国范围内对所有天然林禁止商业性采伐。该政策的实施可能引发木材供给量大幅下降和进口依存度上升，加剧木材供需矛盾、对保障中国木材供给安全极为不利。因此，本书从系统视角分析了天然林全面商业禁伐政策的实施是否增加了中国木材供给风险，研究厘清了禁伐政策对森林资源、木材市场和木材供给安全的中长期影响，为系统掌握政策效果、保障木材供给安全提供科学依据；开发的模型为相关研究提供了科学工具，并从资源—木材市场—国际贸易系统反馈视角分析了禁伐政策产生的复杂影响。

本书首先构建了禁伐对森林资源和木材安全影响的分析框架和

假设；其次分别检验了禁伐政策对森林资源和木材市场的影响；然后在此基础上基于PSR分析了木材安全变化，并进一步从复杂网络的视角分析了如何保障木材进口安全；最后，根据实证结果给出禁伐后保障木材供给安全的对策建议。本书基于系统动力学和局部均衡模型构建了天然林禁伐仿真模型，并基于PSR和复杂网络的方法深入剖析了中国木材安全问题。得出以下结论：

禁伐政策保护了中国森林资源，政策影响在2015—2030年并不显著，长期来看，森林资源可持续水平显著提升，森林资源安全状况持续改善。短期内禁伐政策虽然保护了森林资源，但其政策效果并没有完全显现出来；从变化趋势看，禁伐情景与无禁伐情景间的差异随时间增加，禁伐政策效果需要更长时间才能完全释放。

禁伐政策短期限制了原木供给能力，加剧了木材供需矛盾。禁伐政策导致原木供需量均出现了"U"形变化趋势，且供给量下降的幅度要大于需求量，供给量恢复速度要慢于需求量，供需矛盾增加。禁伐政策在2015—2030年显著减少了国内原木供给量，平均影响程度为4.23%，且影响随着人工林原木供给能力的提升而逐步减弱。禁伐政策在短期引发国内价格上涨、国内需求下降；随着进口原木和国内人工林供给数量上升，价格逐步下降，原木需求量在2025年将恢复到没有禁伐的水平。禁伐政策导致锯材供给量也出现了"U"形的变化，但拐点出现时间要比原木市场滞后2~3年；且锯材需求量在禁伐引发的替代效应作用下出现了快速增长趋势。研究预测2020—2030年，锯材供给的增长速度为1.14%~2.88%，禁伐会显著放缓锯材供给量约2.01%，但不会根本影响锯材供给能力。禁伐会对锯材需求产生两方面的影响：禁伐后国内原木供给量下降，对锯材生产形成了原料限制；以俄罗斯为代表的国家为了保护本国森林资源限制原木出口，锯材成为替代原木的重要木材来源，在进口替代效应的作用下，锯材进口量增加、锯材整体需求上升。

禁伐政策加剧了中国木材供给安全风险。政策显著提升了木材的整体对外依存度，整体对外依存呈现出倒"U"形的变化特征。禁伐政策不利于国家原木贸易网络稳定性，禁伐政策增加了中国木材贸易网络拓扑结构稳定性风险，并使网络拓扑结构稳定性变异程度上升。尤其是与中国贸易关系密切的国家如美国、新西兰、澳大利亚等，其网络拓扑结构的稳定性程度也受到政策的影响呈现下降趋势。因此，无天然林禁伐情景要比禁伐情景的贸易网络稳定。

天然林禁伐后保障中国木材供给安全的对策建议：通过完善国家储备林建设、发展工业原料林和建设珍贵优质大径材基地保障国内供给；加强森林的科学经营，提升森林生产力水平；拓宽木材贸易方式，分散木材进口风险，强化与森林资源丰富国家间的贸易合作，稳定国内原木供给，通过"一带一路"助力中国原木国际贸易；加速产业转型升级，提高原料利用率和产品附加值；大力发展木材循环利用，减少木材消耗。

本书有以下创新：从中长期的视角分析廓清了天然林全面商业禁伐政策对森林资源和木材安全的影响；从动态可视化的视角帮助决策者系统地理解天然林全面商业禁伐政策的影响。研究开发了与GFPM和CGTM功能类似，且符合中国森林资源和林业产业发展特征的仿真模型，为中国林业政策研究和决策提供了可靠的分析工具。

本书得到了国家社会科学基金项目"天然林全面商业禁伐背景下中国木材安全风险及其防范研究"（17BGL248）的支持，该项目研究成果被全国哲学社会科学工作办公室鉴定为"优秀"等级。本书的相关研究还得到了中国林业科学研究院中央级公益性科研院所基本科研业务费专项资金资助项目"全面天保后中国木材供给策略研究"（CAFYBB2017MC002）和教育部人文社社科项目"天然林全面商业禁伐对中国森林资源和木材供需的影响研究"（19C10086007）的支持。为此，藉以此书的出版向以上相关单位表示衷心的感谢！中国林业出版社的相关编辑们对本书的出版提出了认真而细致的修改意见和建议，在此一并表示诚挚的谢意。

　　受著者学识、能力及掌握资料的限制，书中难免会有很多疏漏和不足，诚恳地希望读者给予批评指正，以帮助我们今后更好地学习研究和提高。

著　者
2023 年 7 月于北京

CONTENTS **目 录**

1 绪 论

1.1
研究背景及意义

1.1.1 研究背景

中国是世界第二大工业原木消耗国和工业原木进口数量最多的国家
(FAO, 2021)。2020 年, 中国工业原木消耗量达到了 23973.74 万立方米, 占
世界工业原木总消耗量的 12.08%(FAO, 2021); 木材进口量达到了 5954 万
立方米, 占世界贸易量的 43.97%(FAO, 2021)。同时, 中国还是一个森林资
源匮乏的国家, 2004—2018 年森林蓄积量从 151.37 亿立方米增长到 175.60
亿立方米, 但人均森林资源占有量只有世界的 1/6(中国森林资源清查报告,
2018)。为了保护森林资源, 中国政府从 1998 年就开始了天然林的保护工作
(分为 2000—2010 年和 2011—2020 年两个阶段实施), 并且取得了显著的成
效, 天然林蓄积量从 2000 年的 91 亿立方米增长到 2018 年的 137 亿立方米(中
国森林资源清查报告, 2018)。然而, 天然林保护措施减少了中国木材供给
量, 加剧了中国木材供需矛盾(柯水发, 2019)。2015 年, 开始实施的天然林
全面商业禁伐政策是天然林保护工程实施以来力度最大的一次, 采用了"一刀
切"的方式在全国范围内对所有天然林禁止商业性采伐(柯水发, 2019)。根据
直观经验, 该政策的实施可能导致木材供给量的大幅下降和进口依存度的上
升(Zhang and Chen, 2021)。

中国木材供给的缺口逐渐扩大。中国森林资源总量相对短缺、质量较低,
国内森林资源保护政策在一定程度上对木材供给起到了制约效果, 林业产业
同样面临供给结构性失衡的相关问题。从森林资源结构来看, 中幼林比例高
达 65%, 然而成过熟林仅占 19%, 造成中国木材供给短期内出现不足; 着眼
于森林起源, 人工林比重较低, 且质量也较为低下, 中国乔木林每公顷蓄积

量为 89.79 立方米，其中人工乔木林仅有 52.76 立方米，每公顷年均生长量仅为 4.23 立方米，平均胸径仅为 13.6 厘米。虽然中国的木材生产已经由采伐天然林为主转移到采伐人工林为主，但现有人工林显然难以为继。全面实施天然林保护政策后，2015 年以后国内停止 7000 多万公顷国有天然林商业性采伐，年均减少 5000 万立方米木材供给。这些问题对中国木材安全供给带来了严峻挑战。

木材加工产业面临困境。在全球经济一体化、贸易自由化的背景下，木材原料、技术等要素全球化配置，使得中国木材产业得到了迅速发展，形成了以人造板、家具、造纸为主体的产业发展格局。木材产业属于劳动密集型产业，据统计国内现有木材加工企业 20 余万家，在解决就业和促进农民增收方面发挥着重要作用。特别是木材产业发达的省份，木材加工业对当地经济发展和农民增收贡献显著，如广东省木材加工企业从业人员达 300 多万人，山东省从业人员约 248 万人（李秋娟，2018）。此外，木材加工企业对带动营造林、增加当地税收和促进社会经济发展，促进当地生态状况改善等方面发挥着重要作用。据 FAO 统计，中国已经成为世界第一大人造板和纸及纸板生产国，第二大锯材生产国，以及第一大原木进口国。但是，由于整体上产业技术水平与发达国家存在很大差距，初级产品、低端产品多，精深加工、名优产品少，使中国木材加工产业在国际竞争中处于劣势。全面停伐后，对国有林区的木材加工企业造成巨大影响，据调查多数加工企业都面临停产破产的局面。

木材进口和林产品出口形势严峻。为解决国内木材供给不足问题，中国在 1999 年实行了原木、锯材的进口零关税政策，放宽了木材进口的条件，致使中国木材进口量激增，木材对外依存度持续增长，从 1999 年的 13.86% 增长到 2015 年的 48.32%。2015 年木材总消费量为 5.52 亿立方米，木质林产品进口量为 2.67 亿立方米，进口量占总消费量的 48.32%。随着中国木材对外依存度的攀升，引起了国际社会的广泛关注，甚至出现了中国木材进口威胁世界森林资源的论调，中国更被一些媒体指责为"毁林"的罪魁祸首和"世界森林资源的黑洞"。为了保护本国森林资源和发展本国木材加工业，主要木材出口国家纷纷出台政策提高原木出口关税或限制、禁止原木出口。此外，部分发达国家打着保护环境和知识产权的幌子，纷纷出台反倾销和反补贴、绿色产品认证等贸易壁垒措施，发起贸易摩擦，部分国家通过立法设置的木制品进出口贸易限制，这些都为中国木材产业和林产品贸易带来了更大的不确定性。因此，中国依靠国际贸易平衡木材供需的难度也越来越大，木材安全形势日益严峻。

因此，准确判断天然林全面禁伐政策对国内、国际原木市场的影响对评估政策效果和判断对世界森林资源的影响具有重要的实践价值。

1.1.2 研究意义

研究试图利用计算机仿真技术分析天然林全面商业禁伐对中国森林资源和木材供需的影响，以及评价中国木材安全状态，进而通过贸易的方式探索实现木材进口的多元化。天然林禁伐是中国政府实施的"一刀切"的森林资源保护政策，该政策较好地保护中国相对脆弱的天然林资源，同时在一定程度上加剧了国内原木的供需矛盾，导致国内原木需求远大于原木供给，原木对外依赖程度不断提高。伴随着原木进口的增加，中国逐渐成长为全球原木进口大国，在全球原木贸易网络中发挥着重要作用。而随着各国森林可持续管理能力的增强，各国纷纷采用限伐、限制原木出口等措施保护本国的森林资源，这使得中国面临国际原木市场的风险相应增加。为此，厘清天然林全面商业禁伐对中国森林资源和木材供需的影响，分析如何通过贸易多元化的方式降低木材供给风险具有重要的理论和现实价值。

理论价值：①研究从系统的视角阐释了天然林全面商业禁伐对森林资源和木材市场和贸易的影响。研究把市场均衡理论、贸易中的引力模型引入系统动力学模型中，构建了一个涵盖了森林资源—国内木材市场—国家市场的复杂系统，从动态的视角描述了天然林全面商业禁伐政策的传导过程以及中长期影响。②开发了针对天然林禁伐的仿真模型、木材贸易风险评价和多元化系统，为相关研究的开展提供了普适性的分析工具。研究在 GFPM 和 CGTM 等模型的基础上，构建了本研究的分析工具，这些分析工具有动态分析和预测能力，能反映政策沿着产业链的传导效应，还能反映市场变化的随机性。从动态随机的视角描述了天然林全面商业禁伐的影响。③研究进一步完善了木材进口风险评价体系以及多元化分散和化解风险手段。研究完善了已有研究基于 HHI 指数的木材进口风险评价系统，从复杂网络的视角分析了中国木材进口风险，并改善了优化的方法，更科学地实现了木材进口多元化。

现实价值：①从产业链的视角阐释了天然林全面商业禁伐对森林资源—木材市场—贸易的影响，强调了天然林禁伐政策沿着产业链的反馈过程。研究利用仿真技术计算出天然林禁伐对森林资源、国内木材市场和木材供给的影响，确定了可能的影响范围。②构建了木材供给风险防范的政策分析工具，为政策的制定提供了科学参考。研究在已有研究基础上从复杂网络的视角评价了天然林禁伐可能产生的风险，并利用市场多元化的方式保证全球森林资源的可持续，还提升了中国木材供给的安全水平。③针对天然林禁伐政策提出了针对性的政策建议。研究根据仿真和风险评价结果，确定了更有针对性的对策建议，以防范天然林全面商业禁伐对中国木材供给和木材加工产业的冲击，对保障森林资源和产业可持续发展具有重大的实践意义。

1.2
国内外研究现状

国外木材安全相关的研究主要集中在木材供需与林产品贸易方面。国内有部分学者对木材安全问题进行研究，主要集中在木材安全概念、木材安全评价和木材安全战略等方面。

1.2.1　中国林业政策对木材供给的影响研究现状

由于中国成为世界第一大原木进口国，国际社会也越来越关注中国木材供需和贸易状况，部分国外学者探讨了林业政策对中国木材供需的影响，主要从天然林保护政策、集体林权改革、林业六大工程等方面分析了林业政策对中国森林资源和木材供给的影响。Démurger 等（2009）分析认为中国林业政策的变革使中国森林资源在数量和质量上都有所提高，但是中国国内木材供给能力依旧有限，致使中国木材进口量激增。Miao 和 West（2012）在系统阐述了中国集体林地的变迁、集体林及其相关法律的基础上，分析了天然林保护工程、森林生态系统保护工程、采伐限额政策、赋税、费用等相关政策对集体林地的影响。Bull 和 Nilsson（2004）基于中国森林资源和林产品状况的全面分析，对未来中国森林资源和林产品供给进行预测，结果显示：中国森林资源在为工业、非工业、燃料提供原材料和保护森林之间存在重大挑战。

而国内学者有关林业政策对木材供给的影响研究相对较多，且研究内容比较清晰，主要集中在天然林保护政策、集体林权改革政策和采伐限额政策3个方面。天然林保护政策的研究主要集中在利用供需理论分析木材供需差距，结果表明天然林保护政策加剧了中国木材供需矛盾（李培新，2000；张英，2012）。针对集体林改对木材供给的影响研究，主要集中在从实证角度分析集体林改对木材供给及供给行为的影响（张英，2012；张旭青，2012）。关于森林采伐限额制度对木材供给影响的研究几乎没有，主要是在分析影响木材供给的影响因素时，对森林采伐限额制度的影响进行定性分析，或者在定量分析模型中加入采伐限额的政策条件。

1.2.2 木材供需预测的研究现状

1.2.2.1 实证研究

近年来，国外学者从森林资源增长、采伐选择、林产品供需、林产品贸易等方面对木材供需状况进行研究（Buongiorno，2014；Hetemaki and Mikkola，2005；Turner *et al.*，2006），部分国外学者从森林资源清查数据的角度，通过收获模型分析森林采伐与木材供给的影响。部分学者从采伐决策角度分析不同决策对木材供给的影响，而关于林产品供需及贸易的研究较多。Buongiorno（2014）利用 GFPM 模型的方法，对碳汇市场的木材供给进行分析，并预测了2065 年主要木材产品的生产量和价格，以及对碳汇抵销支付的相关政策进行分析。Turner 等（2006）通过分析国家木材供给状况，预测 1999—2030 年，全球森林面积将下降，而全球森林砍伐量将增加，增幅最大的是欧洲、北美洲和中美洲。Prestemo 和 Wear（2000）以北卡罗来纳州沿海松树为例，构建木材供给的 Probit 模型，并分析供给弹性相对于价格的置信区间，回归结果与最佳轮伐理论一致。Zhang 等（2015）和 Maksym 等（2010）均利用美国农业部（US-DA）南方州级的森林清查和分析数据，分别对各种土地所有者的采伐行为进行评估和木材产品的总体供应进行系统分析，前者主要侧重分析不同所有者采伐森林的可能性，而后者主要分析木材产品供给弹性。Trømborg 等（2000）从局部均衡视角出发，分析了区域和全球的经济增长、木材供给潜力和技术趋势的影响变化，结果显示，每年全球工业用材林供给量增长 1.2%，锯材价格保持基本不变，纸浆价格先上涨后下降。木材供应潜力和技术变化显著影响纸浆的价格。同时，学者从全球、区域或国家层面，系统分析了不同区域的不同林产品供给和需求问题，并对未来木材供需进行预测。Kangas 和 Baudin（2003）运用计量经济学的联立方程模型构建欧洲林产品供给、需求模型，并运用时间序列横截面法分析木材消耗与 GDP 的关系，并预测 2020 年欧洲国家的木材供给和需求量。Yamaguchi 等（2014）运用森林经营过程记录估算木材及采伐剩余物的供给潜力，选取了栃木县的 5 家商店和 3 家工厂为研究对象，通过估算木材及剩余物的供给潜力、运输距离、总费用、预计收入等综合估算了木材及采伐剩余物的年供应量。Buongiorno（2016）以联合国商品贸易数据库数据为基础，运用贸易引力模型分析了木材及木制品、木浆及纤维原料、纸及纸板 3 组商品的贸易流量的影响因素。McCarthy 和 Lei（2010）基于 FAO数据库 1961—2000 年的面板数据，构建了亚洲、欧洲、北美洲和南美洲 4 个主要贸易区浆纸产品的动态需求模型，结果表明无论是否包含价格因素，短期需求整体上无弹性，但不同产品情况不同。Daigneault 等（2016）以美国软木市场数据构建了动态资本调整模型，并与传统滞后调整模型进行对比，分析了商品需求如何适应供给冲击的，并分析了福利效应的重要性。Dragicevic 和 Barkaoui（2017）基于自动化原理，构建了一个三层的林业工业网络模型，并分析了网络均衡流量，以法国木材及木制品为例进行模拟，结果表明高估了森林资源的价值，而低估了林产品的价值。Kang 等（2015）利用时间序列数据分析法，对原木、锯材、人造板和其他木材产品的供需趋势和特征进行分析，结果显示：韩国大口径原木主要依赖进口，从新西兰进口量占总量的 68%；锯材也是主要进口产品，占原木和锯材进口量的 30%。

部分国外学者专门针对中国森林资源和林产品贸易进行专题研究，主要包括中国和全球林产品市场对森林和生计的影响，中国人工木浆产业发展的政策、财政和投资趋势，中国纸及纸制品产业发展等。Barr 和 Cossalter（2004）阐述了中国政府积极推动木浆工业的发展，通过银行贴现贷款、财政奖励和投资补贴等方式建立了大面积的纸浆人工林，并以 APP 和广东复兴纸浆厂为案例进行分析，结果显示中国南部沿海地区纤维材的成本高于其他发展中国家，纸浆生产商竞争力略显不足。Candy 等（2008）分析了中国林产品贸易对森林资源和林区生计的影响，指出了中国应通过木材生产改善林区生计，以及全球在应对森林可持续发展、生计与贸易方面面临的挑战。Nilsson 等（2004）等系统分析了中国森林资源、木材供给、林业产业发展和林产品市场状况，认为中国木材供需差距逐步扩大。Sun 等（2004）基于中国木材市场系统框架，从木材生产者、木材分销商、木材加工企业、进口到最终消费者整个产业链的视角分析了中国木材市场概况。He 等（2004）运用基线预测法，预测未来中国纸及纸板需求趋势，结果表明中国国内木材供给紧张将加剧主要木材供应国的森林资源转化和非法采伐，此外为小经营者带来潜在收入机遇和挑战。

有学者用定量和定性两种方法分析了中国森林资源及木材供需存在的问题并提出对策建议。定量研究主要有：Li 等（2017）运用大数据理论，收集了中国 31 个省份的数据，从经济、社会和生态 3 个方面选取了评估指标，利用数据包络法分析了中国森林资源效率，并采用 Malmquist 全要素生产率指数法分析了森林资源效率的影响因素，结果表明科技投入是森林资源效率的主导因素。张英豪和奉国强（2015）从积极的一面分析了中国木材供给及木材加工具有的技术优势，并分析了采伐限额政策、原木出口限制政策以及森林认证等对木材供给的影响。而张有峰和宋维明（2014）利用联立方程，对区域森林资源及木材供给进行分析，结果表明不同区域森林资源变化差异较大，且影响因素也各不相同，采伐限额政策保障了木材供给的持续性。鄢哲和姜雪梅（2008）利用村级数据，实证分析了林农木材生产经营决策行为，结果表明木材短期供给的主要影响因素包括价格、成本、资源状况、贴现率及林业政策等，而林改促进木材供给，采伐限额易导致超额采伐。朱洪革和王玉芳（2008）通过实证方法估算了2005年东北和内蒙古地区木材供需状况，结果表明：在假设条件下，该区域木材供需基本平衡。李建等（2013）通过计量经济的格兰杰因果关系检验对中国木质林产品供需关系进行分析。

而定性研究主要集中在森林资源现状、木材供需状况以及木材贸易状况以及天然林保护政策对木材供需的定性分析上，并针对木材供需问题提出保障木材供需平衡的对策，这些保障对策主要包括：大力发展人工林和速生丰产用材林基地建设、提高木材利用率、优化进口市场结构、努力改善森林经营、增加森林面积、提高森林质量和森林生产力、发展人造板工业、实施木材节约替代、加快现有中幼龄林抚育的步伐、"三剩物"等为原料的林产工业建设、适度开发海外森林资源，增加进口替代产品等（许传德等，2015；Katsigris *et al.*，2004；Jintao and White，2004）。

1.2.2.2 理论方法研究

国外有关木材供需预测方法的研究较早且已形成较系统的体系。早在1878年美国农业部就采用预测方法预测其未来森林资源的变化情况，美国林务局开发的木材市场评价模型（TAMM），主要用于林产品生产、消费、价格和森林资源状况的长期预测（Adams and Haynes，1996）。1980年美国林业部门为了精确预测美国木浆生产的增长以及相关技术变化对纸浆木材需求的趋势，开发了北美纸浆造纸工业模型（Model of the North American Pulp and Paper Industry，PAPY RUS；Hänninen，2004）。1987年国际应用研究所（IIASA）开发了全球贸易模型（Global Trade Model，GTM），后来华盛顿大学林产品贸易研究中心在此基础上形成了全球贸易模型（CGTM）。随着计量经济学和数学模型的不断发展，有关林产品贸易的模型不断发展完善，研究者们逐渐开发了多种模型用于林产品市场预测。目前，国际上林业经济研究中应用的主要建模方法有计量经济学模型、线性规划模型、一般均衡模型和系统动力学模型等（Hetemaki and Mikkola，2005；Trømborg *et al.*，2000；Hänninen，2004；Hänninen and Kallio，2007；Mckillop，1967）。目前，全球比较成熟的林产品贸易模型有：全球林产品模型（Global Forest Products Model，GFPM）、全球纤维供给模型(Global Fiber Supply Model，GFSM)、林产品国际贸易中心全球贸易模型(CINTRAFOR Global Trade Model，CGTM)和木材供给模型(Timber Supply Model，TSM)。GFPM是一个空间均衡模型，涵盖180个国家和14类林产品的产量、消费和贸易(Buongiorno *et al.*，2003)；CGTM模型可对43个原木生产区和33个木质林产品消费区(包括亚洲、欧洲、美洲和非洲等128个国家)的10种林产品的生产、消费、价格和贸易进行评估和预测(刘菲等，2015)；相对于其他模型，TSM模型范围比较窄，只针对特定市场和特定产品(原木)，而且不涉及木材衍生品的供需以及贸易领域(Sedjo and Lyon，1996；袁恬等，2015)。

国内学者在木材供需预测方面的研究，大多都引入预测方法作为分析工具，主要研究方法包括系统动力学模型、灰色预测法、指数平滑法等。主要研究包括：①系统动力学方法。何从武(2014)在分析人造板市场供需结构的基础上，构建胶合板系统动力学模型并对人造板行业的木材需求量继续预测。刁钢(2014)则是依据系统动力学、计量经济学和线性规划的方法，不仅对木材供需进行预测，而且模拟分析了造林、采伐限额政策对木材供给的影响。②灰色预测模型。任艳梅等(2016)在分析供需关系的基础上，运用灰色预测法、多元回归法和指数平滑法预测了木质林产品供给形势。刘云龙(2015)基于弹性经济学原理，运用灰色关联分析，系统分析了经济发展指标与主要木材产品需求之间的关系。③指数平滑法。张丽娜(2012)运用三次指数平滑模型预测了2011—2015年的辽宁省木材供需状况。④其他方法。包括数量统计法(李珍和程宝栋，2013)、消耗结构法(谢佳利，2012)、CGTM模型(刘菲等，2015)和CFPM模型(张寒，2012)。

1.2.2.3　木材供需影响因素研究

Rahman(2012)选取了森林覆盖率、木材平均价格、人均收入、家具产量、木材替代品价格、人口增长率、城市化率、铁路密度等因素，构建孟加拉国的木材需求模型，并进行实证分析，结果表明铁路密度和人口增长率是影响木材需求的主要因素。Sulaiman和Abdul-Rahim(2015)运用自回归分布滞后模型，分析了尼日利亚林产品贸易平衡与决定因素的关系，结果表明国内外收入水平、汇率等是影响林产品贸易平衡的重要因素。谢佳利(2012)认为木材供给的主要影响因素是森林资源状况、加工利用水平、制度政策和林业投资、自然灾害、国际环境；影响需求的主要因素有人口数量和结构、经济消费水平、生活方式的转变、节约代用量、木材产品出口环境等。谭秀凤(2011)认为木材供给的主要影响因素有森林资源状况、木材出材率、木材价格水平、木材进口；影响木材需求的因素有木材市场价格、人均收入水平、消费者偏好、国家宏观政策等。

1.2.3 木材安全研究现状

1.2.3.1 木材安全相关概念

传统意义上来讲，木材安全就是保证木材安全供需基本平衡的一种状态。不同学者从不同角度界定了木材安全的概念。陈勇（2008）和缪东玲（2010）分别从维持经济社会发展和国民经济安全运行的角度界定木材安全是一种状态或能力，但在界定范围上有差别，认为木材安全除了涉及供给安全外，前者认为还包括产业安全和生态安全而后者认为还包括贸易安全和环境安全。而程宝栋（2011）从另一方面界定木材安全，认为木材安全实质是降低或消除其危险，保证社会、政治、经济协调发展所需求的充足木材资源。杨红强（2011）虽然没有给出木材安全的具体定义，但是从安全的定义内涵出发，界定了资源安全的概念用于分析木材资源安全问题。

1.2.3.2 木材安全评价研究

国内单独针对木材安全的研究较少，只有少部分学者从木材产业、木材进口风险和木材资源问题的角度对木材安全进行评价研究。主要包括程宝栋（2006）从新产业安全观出发，根据木材产业的特点，从产业生存环境、产业国际竞争力、产业对外依存度和产业控制力几个方面构建评价指标体系，运用定性和定量方法对中国木材产业安全水平进行评价。并在定性判断中国木材安全形势的基础上，从资源（储采比）、贸易（对外依存度和进口集中度）、市场（木材价格）和环境（单位 GDP 能耗）层面选取指标，运用主成分分析法评价了中国木材安全状态，结果显示 1995—2007 年中国木材安全度呈现倒"U"形，2002 年后安全形势越来越严峻（程宝栋，2011）。刁钢等（2014）利用 HHI 和 S-W 指数，从国家风险、资源风险和系统风险 3 个方面确定木材进口风险指数，并利用 2000—2010 年数据对中国木材进口风险进行评价。杨红强（2011）从资源、产业、生态和贸易四个方面构建综合评价模型，并运用量化模型系统研究了中国木材资源安全存在的问题。而陈勇（2008）从资源存量、供材能力、产业发展、对外依存度和节约代用几个方面构建评价指标体系，对中国木材安全状况进行评价。

1.2.3.4 木材安全战略的研究

国内学者大多从定性角度分析木材安全状况或供需状况，针对木材安全问题和供需失衡问题，提出了保障木材安全的对策建议。主要研究包括：王宏(2015)从国家自主共赢的新安全观出发系统分析了中国木材安全问题。田园等(2011)在明确中国木材安全形势的基础上，阐述了国外保障木材安全的具体做法，针对中国国情提出对应的保障对策。姜喜山(2011)和中国老科协木材安全调研组(2010)通过分析中国森林资源现状以及木材安全态势，提出了建立中国木材供给安全保障的对策。

以上学者从不同视角出发分析了中国木材安全状况，提出保障中国木材安全的对策建议，主要集中在以下几个方面：①实施国家储备林基地建设和优质大径材基地建设；②开发境外森林资源；③发展木材循环利用；④大力发展人工用材林和速生丰产林；⑤全面提高森林经营水平；⑥加大对林业投资力度；⑦大力倡导木材消费；⑧推动森林认证；⑨发展平原林业；⑩加大林业科教投入。

1.2.3.5　木材安全预警研究

目前，并没有专门针对木材安全预警的研究。陈勇(2008)在对林产品对外依存度研究时，采用数量模型法构建木材安全预警模型，虽然建立了木材安全预警系统，但是并未进行实证分析。

1.2.4　安全预警研究现状

1.2.4.1　经济预警研究

预警一词源于军事，但是关于预警的研究起源于经济预警，后来慢慢发展到金融预警、粮食预警和能源安全预警等领域。经济预警的思想始于20世纪初，法国学者把气象中不同颜色运用到经济状态研究中。经济预警正式产生于资本主义第一次经济危机之后，从此之后，西方经济学家开始承认资本主义存在经济危机(顾海兵，1997)。

国外关于宏观经济预警的研究主要集中在20世纪前，20世纪后随着企业危机管理理论的发展，经济预警的研究主要集中在企业预警、货币危机预警、金融预警等方面(Nielsen，2015；Hermansen and Röhn，2015；Syaifullah，2012；Tamadonejad *et al.*，2016；Koyuncugil and Ozgulbas，2012；Ionita and Stancu，2015)。Kristina 等(2006)运用马尔科夫状态变换模型评估中东欧国家(捷克、匈牙利、斯洛伐克)和独联体国家(俄罗斯和乌克兰)金融的脆弱性，结果显示，这些国家大多数的危机是由于国内政策和宏观经济不一致导致的，运用第一代金融危机模型分析得出独联体国家的金融危机与金融脆弱性指标最相关，而第二代和第三代金融危机模型的指标解释了这些国家的脆弱性。Davis和 Karim(2008a)基于综合公共数据集对银行危机预警系统的多元 logit 模型和信号提取模型进行评估，认为 logit 是全球预警系统最合适的方法，也是国家特定预警系统的信号提出方法。Davis 和 Karim(2008b)在次贷危机的背景下，基于 logit 和二叉树法对预警系统的作用进行评估，结果表明扩大宏观审慎分析的方法对危机预警有帮助。Ramos(2013)针对债务危机提出了一系列预警系统模型，利用债务压力指数界定危机，利用 Logit 和马尔科夫交换模型以及普通最小二乘法建立预警系统模型，分析了债务危机的周期。Bhattacharyay 等(2009)提出了一种宏观审慎的金融稳健分析方法，用于检测经济和金融部门的脆弱性，并确定和编制了一套宏观审慎指标，并利用该系统对哈萨克斯坦进行案例分析。Jdaitawi 等(2014)从货币政策、财政政策、实体经济部门、涉外部门、全局变量和制度及结构因素几个方面构建了预警指标体系，并运用信号法和 Logistic 法两种标准的实证方法研究和预测了约旦的货币危机。Oet 等(2013)以微观和宏观审慎的预警系统为基础，结合金融系统的结构特点和反馈机制开发了一种新的系统风险模型，并运用监测数据分析金融压力。Sevim 等(2014)利用 1992 年 1 月至 2011 年 12 月的数据，采用人工神经网络、决策树和 logistic 回归模型构建了预警系统，以金融压力指数为因变量，32 个宏观经济指标为自变量，并以土耳其货币危机为案例进行模拟测试，测试结果显示清晰的信号，基于此，对土耳其的经济进行预警，结果显示 2012 年之前不会发生货币危机。Dreger 等(2011)为住房市场开发了早期预警系统，预测房地产市场的投机价格上涨，并针对投机项目的开发，帮助政府制定有效的应对措施。基于以上文献分析，国外关于经济预警研究的主要方法包括马尔科夫状态变换模型、多元 logit 模型、二叉树法、信号提取模型、人工神经网络、决策树等以及两种或多种方法的综合应用。

国内关于预警理论方面的研究始于 20 世纪 80 年代，主要以经济循环波动问题为核心，从引入西方经济发展理论和经济波动的周期理论，发展到研究中国经济波动的先行指标，再到微观预警即企业预警。国内关于宏观经济的研究主要包括毕大川和刘树成(1990)理论分析了中国经济周期波动，运用模型对中国经济周期波动进行定量分析，并建立宏观经济监测预警系统。而实证研究较多，主要包括：韩露(2016)以景气指数指标为基础，通过指标筛选、指数合成构建黑龙江省宏观经济预警指标体系，并进行预警分析。尹福禄(2012)选择河北省 GDP、居民消费价格指数(CPI)和人均现金收入 3 项指标构建了河北省宏观经济预警系统，并运用 VAR 模型进行预警分析。经济预警并没有统一的理论基础，但是经济预警大致分为这几个阶段：确定警情、寻找警源、分析警兆和预报警度(顾海兵，1997)。

1.2.4.2 安全预警研究

(1)安全评价方法研究。国内外关于安全评价的文献较多,采用的方法主要包括两类:一类是使用或构造评价指数和综合评价指数,另一类是构建指标体系综合评价。构建评价指数和综合评价指数的研究主要包括:Wang 等(2015)以驱动力、压力、状态、影响和风险模型(DPSIR 模型)为基础,构建生态安全评价指数,并采用相关分析和主成分分析法进行实证分析。Akhi 等(2016)基于影响粮食安全状况的因素,构建粮食安全指数,并采用 Logit 模型进行粮食安全评价。Hu 和 Ge(2014)在地缘能源安全评估框架的基础上,重新构建地缘能源安全评估模型,并运用1995—2010 年中国和俄罗斯的能源消耗量、产量、石油消耗量以及进出口量等数据进行实证评价。Shen 等(2017)基于对河流生态系统的关键影响因素的分析,确定人为威胁因素,并采用改进的生态威胁指数进行生态安全综合评价。Prambudia 和 Nakano(2012)运用系统动力学对印度尼西亚的能源安全进行评估。

构建指标体系综合评价的研究主要包括:丁晓慧和周晶(2015)从资源、生产、市场、技术等6 个维度共选择 23 个指标,运用专家打分法和层次分析法相结合的方法,对西南地区和全国粮食安全水平进行测试。杨磊(2014)从生产、消费和流通3 个方面分析粮食安全问题,并构建评价指标体系,采用熵权法和二阶模糊综合法动态定量评价中国粮食安全状况。常军乾(2010)从能源储量、贸易、市场、环境、技术和观念等方面构建了能源安全评价指标体系,并采用层次分析法和模糊综合评价相结合的方法,对中国能源安全进行综合评价;李小亮等(2008)基于压力–状态–响应(PSR)框架建立了石油安全评价指标体系,并运用熵值法和灰色关联法的集成对中国石油安全趋势做了实证研究。任家强等(2014)以 PSR 模型为基础,从压力、状态和响应3 个方面构建了辽阳县耕地资源安全评价指标体系,并采用熵值法和多因素加权模型综合评价辽阳县耕地资源安全。张凤太等(2015)基于驱动力–压力–状态–影响–响应–管理(DPSIRM)概念框架的岩溶区水资源安全 DPSIRM 评价指标体系,运用灰色集对模型对贵州省水资源安全进行定量评价。

综上所述,国外学者安全评价的方法多以安全指数评价为主,而国内学者安全评价多以综合评价为主,评价方法包括专家打分法、层次分析法、熵权法、灰色关联法、模糊综合法等,熵权法和层次分析法多用于指标赋权,而模糊综合法、TOPSIS 法多用综合评价。

(2)安全预警方法研究。国内外关于安全预警方面的研究很多,主要包括能源安全预警(如石油、煤炭等)、资源安全预警(水、耕地、矿产)、粮食安全预警和生态安全预警等（Ostfeld and Salomons，2004；吴润嘉和朱玉林，2016；张红丽和滕慧奇，2017）。吴润嘉和朱玉林（2016）借助 PSR 概念模型，从分析森林生态安全的主要影响因素出发（社会经济、资源和环境出发），构建预警指标体系，并运用模糊综合评价模型进行安全预警，结果显示湖南省森林生态安全总体状况正在好转，并基于分析结果提出了相应的对策建议。张红丽和腾慧奇（2017）运用 PSR 模型分析了中国林业生态安全的态势，从生态、环境、经济和社会 4 个方面构建预警测度指标体系，结果显示，2013 年后中国林业生态安全改善突破预警线，并从造林技术提升、生物综合防治、林产加工绿色化、沙漠化综合防治、转变林业生态安全理念等方面构建技术干预机制保障林业生态安全。张振峰（2011）在对河北省生态环境安全系统评价的基础上，基于生态安全评价指标体系，采用指标预警法对区域生态环境安全预警进行评价，并在此基础上运用 BP 神经网络模型进行预警应用。韩天放（2010）在构建生态效益服务功能评价模型的基础上，运用多种评价方法和 BP 神经网络模型，对辽宁省土地生态安全进行评价和预警研究。文森（2008）在详细分析重庆市耕地资源现状及利用变化及驱动响应基础上，构建评价指标体系并运用生态足迹进行评价，基于评价分析，构建耕地资源安全预警指标体系，并运用模糊综合评判法和综合指数模型法进行预警分析。

国内外关于安全预警的研究方法很多，主要包括指标预警法、统计预警法和模型预警法等，而预警模型预测方法大多采用人工神经网络法，包括 BP 神经网络法和 BP 神经网络法（范秋芳，2007）。

1.2.5　国内外研究评述

已有研究从木材供需、木材安全和安全预警多个角度深入分析了木材供需以及由此引发的保障木材供给安全问题，尤其关注了如何衡量和预警木材供给风险的发生。已有研究对本研究具有以下借鉴价值：①天然全面商业禁伐政策虽然是一种极端的情况，但已有相关政策和木材安全研究为本研究阐释了政策作用的基本机理以及政策传导路径，为本研究假设的构建提供了理论依据。②已有研究从不同角度对木材安全进行了界定并提出了木材安全预警的理论依据和方法论，为本研究确定合理的木材安全指标、实现对天然林全面商业禁伐政策有效衡量提供了参考。③已有研究采用了多种技术手段分析政策对森林资源、木材供需和木材安全的影响，这些研究有助于确定本研究模型的边界、结构和建模方法，为选取合适的方法提供了借鉴。

已有研究虽然分析了政策对木材供需的影响，并从多个角度对木材安全进行界定和衡量，但仍无法满足天然林全面商业禁伐后对森林资源和木材安全的中长期影响的分析。天然林全面商业禁伐政策是有史以来中国政府采取的最严格的保护政策，该政策的实施影响着中国政府是否采取补救措施以保障木材安全。同时，2020年新冠疫情的爆发给世界经济带了极大的不确定性，增加了掌握禁伐政策对木材安全的影响难度。同时，准确衡量天然林全面商业禁伐政策的影响需要从中国省级森林资源数据入手，然而现阶段并没有这样的分析工具。因此，本研究在吸纳已有研究基础上，针对天然林禁伐政策的特殊性，从假设构建和研究方法两个方面进行扩展和创新。

1.3
研究目的及思路

研究从系统的视角分析了天然林全面商业禁伐对森林资源和木材供需的影响，并分析了天然林全面商业禁伐对中国木材进口安全的影响，以及如何通过多元化的方式实现木材进口多元化以降低风险。根据研究的总体目标，本研究包括以下内容：

研究首先，基于森林资源可持续、市场均衡和复杂系统理论构建了研究的分析框架，并在此基础上构建了研究的假设；然后，利用仿真模型分析了天然林全面商业禁伐对森林资源和可持续状态的影响，并利用价格数据从禁伐政策对市场的整体影响显著性的视角检验天然林全面商业禁伐政策对木材市场影响的显著程度；接着，从木材加工产业整体和木材进口两个角度分析了天然林全面商业禁伐对中国木材安全状况的影响，并仿真模拟了如何通过多元化方式实现分散风险保障供给；最后，根据分析结果给出了对策建议（图1-1）。

```
┌─────────────────────────────────────────────────────────────┐
│ 天然林全面商业禁伐对中国森林资源和木材安全影响及防范研究 │
└─────────────────────────────────────────────────────────────┘
```

研究基础

┌─────────────────────┐   ┌─────────────────────┐
│   天然林禁伐的背景   │   │   国内外研究现状   │
└─────────────────────┘   └─────────────────────┘

研究理论基础

┌─────────────────────┐
│   分析框架   │
└─────────────────────┘

┌─────────────────────┐
│   研究假设   │
└─────────────────────┘

全面禁伐对森林资源的影响分析

┌─────────────────────┐
│ 天然林全面禁伐仿真模型 │
└─────────────────────┘

┌─────────────────────┐
│ 中国森林资源变化趋势分析 │
└─────────────────────┘

┌─────────────────────┐
│ 全面禁伐后森林资源变化对比 │
└─────────────────────┘

全面禁伐对木材市场的影响分析

┌─────────────────────────┐
│ 全面禁伐对木材供需影响分析框架 │
└─────────────────────────┘

┌─────────────────────────┐
│ 全面禁伐对原木和锯材市场影响 │
└─────────────────────────┘

┌─────────────────────────┐
│ 全面禁伐对对外依存度影响 │
└─────────────────────────┘

┌─────────────────────────┐
│ 全面禁伐对木材价格影响   │
└─────────────────────────┘

天然林全面禁伐对木材安全的影响分析

┌──────────────────┐   ┌──────────────┐   ┌──────────────┐
│ 基于PSR的全面禁伐 │   │ 全面禁伐对木材进口 │   │ 进口木材多元化仿真 │
│ 对木材安全影响分析 │   │ 安全影响   │   │ 分析   │
└──────────────────┘   └──────────────┘   └──────────────┘

┌─────────────────────┐
│   对策建议   │
└─────────────────────┘

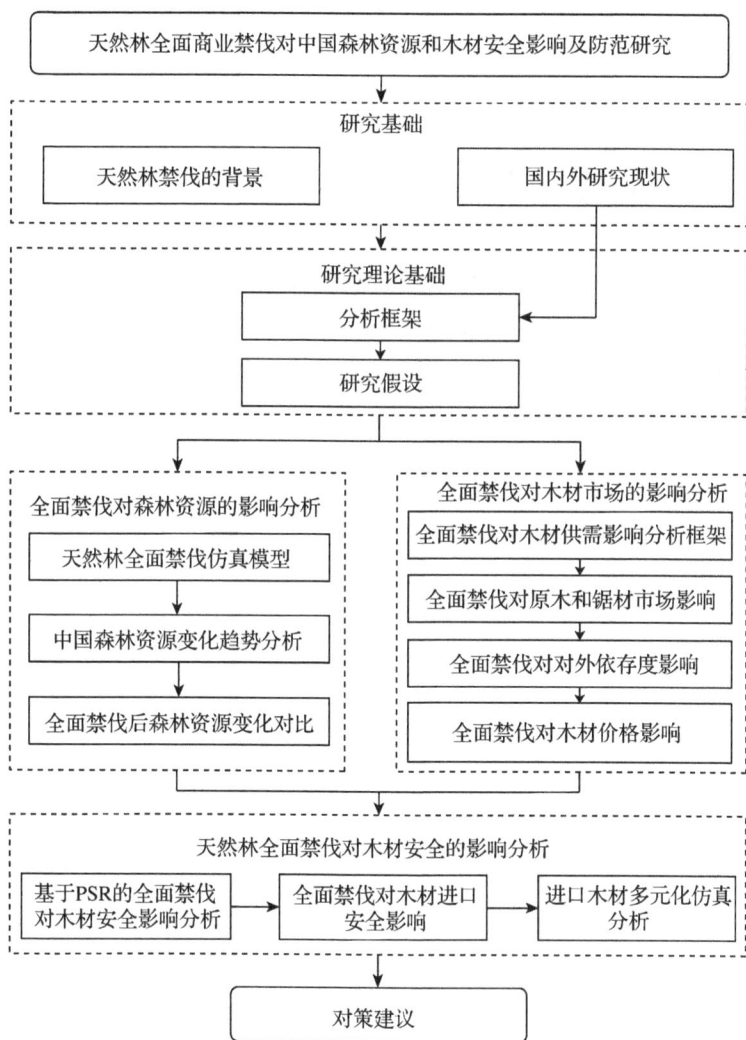

图 1-1　技术路线图

1.4
研究的创新点

　　研究内容创新：从中长期视角廓清了天然林全面商业禁伐政策对森林资源和木材安全的影响。天然林禁伐政策实施后，中国政府用人工林替代天然林，在短期内没有出现供给量大幅下降、木材市场供需矛盾加剧和对外依存度显著上升的现象。但这并不意味着该政策没有对中国森林资源和木材安全产生影响，研究从中长期评估了天然林全面商业禁伐政策对森林资源和木材安全的影响。研究分别预测了 2030 年天然林全面商业禁伐政策对中国各省市森林资源、木材市场的供需和木材安全状况的影响。

　　研究方法的创新：构建了符合中国森林资源变化特征的森林资源和木材市场均衡模型，从动态可视化的视角帮助决策者系统地理解天然林全面商业禁伐政策的影响。模型不仅描述了天然林全面商业禁伐政策对森林资源变化的影响，还系统地反映了天然林全面商业禁伐政策对原木和锯材国内外市场的影响。从功能上看，该模型能完成 GFPM 和 CGTM 等模型参数校准、预测和政策分析功能，还具有政策的蒙特卡洛模拟和优化的功能。在模拟情景设置时，考虑了 2020 年新冠疫情引发的全球经济衰退对木材市场和森林资源的影响，模拟了在复杂经济环境下禁伐政策的影响效果。

2 研究理论基础与假设

天然林全面商业禁伐将对中国森林生态系统和木材市场及相关产业产生复杂的影响。本研究基于森林资源可持续经营理论、市场均衡理论和复杂系统理论，构建基于系统视角的分析框架，并阐释该政策如何影响森林生态系统和木材市场经济系统，以及两个系统的交互影响；并基于该分析框架提出本研究的假设。

2.1
研究的理论基础

天然林全面商业禁伐会引发森林生态系统和木材市场经济系统的复杂变化，这种变化不仅影响森林资源的可持续经营，而且会改变木材市场的均衡状态。同时，生态系统和经济系统还会通过反馈关系在两个系统间传递物质和信息。因此，本研究的主要理论包括森林资源可持续理论、市场均衡理论和复杂系统理论。

2.1.1 森林资源可持续经营理论

森林资源可持续理论在秉持保护森林资源和其生态功能的基础上，实现持续地供给林产品。森林资源的可持续经营理论可以分为两个阶段：第一个阶段主要以单一的木材采伐作为可持续目标；第二个阶段以经济和生态的多种因素作为森林可持续的目标。且随着森林生态功能的提升，森林生态价值越来越被世界广泛重视。当前主流的森林资源可持续经营框架包括蒙特利尔进程、欧洲森林保护部长级会议和国际热带木材组织（张小标，2019）。蒙特利尔进程要求森林在减少破坏生态的基础上保障向经济社会提供充足的木质和非木质林产品；其他框架也强调了在尽可能发挥森林保护生物多样性、保持水土和碳汇等生态价值的基础上，全面考虑森林的价值进而更科学地使用森林资源。森林资源最重要的产品就是木质林产品，所以森林资源的最优轮伐理论是森林资源实现可持续经营的重要议题。

最优轮伐期问题是考虑树木生长导致的价值的变化以确定最优的采伐林龄。最优轮伐期问题从早期只考虑木材价值，发展成为考虑森林资源的多种生态价值。早期的森林最优轮伐期问题是工业革命引发的对木材需求量的激增，为了满足需求实现森林资源规模化经营陆续提出了早期的最优轮伐理论。Faustmann（1849）最早提出了在考虑森林生长和贴现的情况下实现木材收益现值的最大化问题；Ohlin（1921）进一步完善了 Faustmann 采伐问题。Samuelson（1976）对该问题进行了精辟的总结，强调市场竞争模型与 Faustmann 模型的解具有等价性。由于传统的林木蓄积量模型不能直接说明蓄积量所提供的价值，这样没有进行采伐的蓄积量因缺乏价格信息，给林业的多功能管理带来了问题（刁钢等，2013）。Hartman（1976）对 Samuelson 的观点进行了回应，分析了单一林龄森林的非木材价值，并认为森林的非木材价值是林龄的函数。Johnoson 和 Scheurman（1977）建立了一个木材采伐的线性规划模型，其近似于 Faustmann 模型，该模型可在现实中进行实践。Johnoson 等（1980）构建了 OR-PLAN 模型供美国林务局使用，该模型研究了森林多功能经营条件下何时采伐林木的问题。林木的优化模型主要从理论上分析木材的采伐时间问题，模型较多的约束给实际应用带来不便（刁钢等，2013）。20 世纪 90 年代中期以后，森林的非木材价值日益凸显，使用最优轮伐问题的决策目标日益多元化。Tait（1987）首先考虑了两个决策变量以决定轮伐的林龄；Van Kooten 等（1995）首次把碳汇引入森林轮伐问题中；Gan 等（2016）把生态服务和生物多样性也作为轮伐决策的目标。随着最优轮伐期问题研究的深入，森林资源的生态价值逐步被纳入决策的因素，对森林资源的可持续经营发挥了重要的作用。已有研究（Van Kooten et al.，1995；Gutrich and Howarth，2007；Guthrie and Kumareswaran，2009）的主流观点认为森林资源的生态价值，尤其是碳汇价值使轮伐期大幅延长，这导致森林资源的可持续水平显著提升。

森林可持续经营理论是实现森林资源可持续发展的重要理论，为实现森林资源的可持续性具有重要的价值。森林可持续经营理论的重要目标是利用规模化经营的方式满足经济社会发展对木材的需求。天然林全面商业禁伐的根本目的就是实现森林资源的可持续发展，尤其是逐步恢复天然的生态功能。天然林禁伐政策采用行政手段干预森林的采伐以减少对天然林的破坏。该政策推动了森林资源可持续水平的提升，同时也直接干预了木材市场的均衡状态。因此，天然林全面商业禁伐是实现中国森林资源可持续水平的重要措施，有助于保护森林生态系统。

2.1.2　市场均衡理论

"均衡"这一名称的由来最早出现在物理学领域中，物理意义上强调任何体系中各种相互关联和相互对立的因素，在既定范围内持续不断的作用下，使得系统最终处于相对平衡和稳定的状态。具体到经济学领域中，其内容得到进一步扩展和延伸，经济学意义上的均衡为经济主体为了使自己的偏好得到满足，不断地调整既定的行为选择以适应发生变化的市场环境，最终达到一种相对稳定的态势。目前在相关理论文献中，均衡有狭义和广义两种用法。

狭义就是指瓦尔拉斯一般均衡（walrasian equilibrium），经济达到该状态是通过不断的价格调整直到供求达到相一致的状态，在这种均衡中，所有进入市场的参与者都仅通过价格调整做出行为选择，根据他们的效用或欲望进行交换，最终实现有效需求等于理想需求。遗憾的是，瓦尔拉斯均衡不考虑时间演化过程，将时间因素过滤掉，动态失衡调整瞬间完成，因此，这种前期既定的均衡假设抽象掉了所有市场运行中一切意外的状况以及非均衡调整的过程。也就是说，在整个经济系统内部，市场参与者不会遇到超额供给与超额需求的数量配额约束，宏观经济体系中的数量约束不考虑。

广义的均衡包含了瓦尔拉斯一般均衡和非瓦尔拉斯均衡（non-walrasian equilibrium）。非瓦尔拉斯均衡亦称非均衡理论，是相对于瓦尔拉斯一般均衡而言的一种理论。非均衡理论研究的内容主要有市场参与者在做出行为选择时同时考虑数量信息和价格信息（王芳琴，2013），并强调了数量调节的约束机制，市场参与者调整需求量和供给量是基于价格调节和数量调节机制的共同作用，市场最终达成的均衡状态不是理想供求的均衡，而是有效供求的均衡，且这种均衡状态是较稳定的状态。一定程度上可以说，瓦尔拉斯一般均衡仅是价格机制的结果，而非瓦尔拉斯均衡是价格机制和数量机制共同作用的结果，更加强调数量机制的作用，故其也被称为"配额均衡"。在进行微观经济分析时，市场均衡分为两部分，分别是一般均衡和局部均衡。局部均衡是假定其他市场条件不变，对单个市场或部分市场的供求与价格之间的关系进行分析。一般均衡是在整体经济社会分析所有市场的各种商品和要素，它们之间供求与价格间的相互影响、相互作用以及所有市场之间存在溢出影响关系，最终结果是所有市场同时达到均衡。

本研究所涉及的均衡概念是一个局部均衡。该均衡过程反映了天然林全面商业禁伐后，原木国内、国际市场和锯材国内和国际市场均衡调整的过程。该调整过程反映了政策从森林生态系统向木材市场的动态传导过程。在该过程中，天然林全面商业禁伐政策首先影响国内原木市场，然后政策的影响向国际市场传导；同时，还沿着产业链向锯材市场传导，影响了锯材的原料供给和国际市场并对原木产生了替代效应。在市场的动态作用下，新的市场均衡状态又影响了森林资源的状态。天然全面商业禁伐影响了木材市场的均衡状态，木材市场的均衡调整过程又影响了森林资源的可持续，所以市场均衡理论是连接森林资源可持续与市场均衡的关键理论。

2.1.3 复杂系统理论

复杂系统理论兴起于 20 世纪 80 年代，是建立在系统科学理论基础上的，是系统科学的一场革命。虽然复杂系统的研究发展迅速，但目前还没有针对复杂系统的统一定义。美国《科学》杂志在 1999 年出版的《复杂系统》专刊中对复杂系统进行了如下阐释：复杂意味着系统的结构存在变化（Goldenfeld and Kadanoff，1999）；复杂系统包含众多不同要素，且各要素间存在多种交互关系（Rind，1999）；所有复杂性研究的共同点是具有多个要素的系统会适应或响应这些要素创建的模式（Arthur，1999）；复杂系统的特征之一是系统的演化对初始条件或小扰动非常敏感，系统中包含大量独立且相互作用的行为主体或存在多种可能的演化途径，复杂系统的第二个特征是系统受某些主观判断影响而呈现"复杂化"，因而无法对系统进行准确的描述或分析（Whitesides and Ismagilov，1999；商迪，2021）。该专刊的两位编者 Gallagher 和 Appenzeller（1999）在导言中对"复杂系统"给出了如下描述：通过对一个系统子系统的了解，不能对系统的性质做出完全的解释。也就是说对复杂系统而言，其整体性质不等同于部分性质的简单叠加，即整体和部分之间不是线性关系，而是复杂的非线性关系。Foote（2007）认为复杂系统是用来描述具有共同主题的现象、结构、聚集体、有机体或问题的，这种系统本质上是复杂并难以确定的，同时其数学模型通常也是复杂的，并且涉及非线性、不稳定性或混沌行为，易产生意想不到的结果。基于已有研究，一般认为复杂系统具有不可预测性、连通性、反馈关系、非集中控制性、不可分解性、奇异性、不稳定性、不可计算性、涌现性等特性（黄欣荣，2006；Ladyman et al.，2013；王春华，2014）。

人们对系统复杂性的认知不断提升，该理论在自然及社会科学研究中作用逐渐凸显。复杂系统理论近年广泛地被应用在分析产业发展（Desforges and

Dievart，2017；郭钧等，2019；李菲菲等 2019)、生态系统(Xie *et al.*，2016；马镛等，2019；崔学刚等，2019)、企业及项目管理(范如国和黄本笑，2002；张远惠，2015)、市场行为(Li and Ma，2016；王岱等，2016；Leonardi *et al.*，2016；刘莹等，2019)等问题。崔学刚等(2019)利用系统科学与跨尺度耦合理论说明城镇化与生态环境耦合系统是非线性的、具有高阶多重反馈的开放的复杂巨系统。张远惠(2015)融合复杂系统理论与多项目资源管理理论，对多项目管理的资源最优配置进行了探索，有助于提高项目管理水平和企业效益。Xie 等(2016)基于复杂系统理论构建了包含资源、环境、生态、经济和社会的可持续发展复杂系统，分析了各子系统和系统间的交互关系，从宏观角度对中国的可持续发展趋势进行了模拟预测，并针对不同行政区域提出了改进建议。王岱等(2016)在现代经济学复杂适应性假设条件下，从微观农户异质化状态和行为出发，自下而上地构建并仿真现实农业经济系统，为粮食安全问题的研究提供了系统性和动态化的建模机制。Leonardi 等(2016)从复杂系统的角度出发，研究了巴西的代理银行系统，该系统与多个主体、系统要素和环境属性有关，其与已有研究对客户的统一定义有别，分析多个参与者在不同场景下的交互，及各系统要素间的交互关系，为解决金融排斥的社会问题提供了借鉴(商迪，2021)。

　　天然林全面商业禁伐政策的影响通过森林生态系统和经济学系统复杂反馈关系传导，政策的最终效果将是非线性的。天然林全面商业禁伐将通过采伐限额作用于森林资源——减少了森林资源的采伐；该政策通过国内原木市场向国际市场和锯材市场传导并形成新的均衡状态。该均衡状态又会影响森林采伐限额的变化，天然林全面商业禁伐减少了原木供给推动木材价格上升，进而影响了国际市场和下游市场的均衡状态。市场均衡状态的改变会最终影响采伐限额的制定，还影响了人工林采伐限额。总之，天然林全面商业禁伐政策会通过木材市场形成与森林生态系统的动态、非线性传导关系，该过程形成了一个包含生态和产业的复杂性系统。

2.2
分析框架和假设

　　天然林全面商业禁伐是中国森林资源保护的重要举措，该政策的实施不仅直接通过行政手段影响了森林资源的变化，而且会通过木材市场对国内木材供需和国际市场产生复杂性的影响。研究基于可持续经营、市场均衡理论和复杂系统理论构建了天然林全面商业禁伐的分析框架，并基于此框架提出了研究假设。

2.2.1　天然林全面商业禁伐政策的分析框架

中国政府实施的天然林全面商业禁伐政策通过限制天然林的采伐以达到天然林保护的效果。该政策的实施不仅限制了天然林的采伐，还会通过国内外的木材市场进行传导，影响中国木材市场的供需，并影响整个木材加工产业的原料供给安全。因此，应从系统和均衡的角度分析该政策的影响，并判断该政策是否实现了森林资源的可持续。

天然林是中国森林资源最重要的组成部分。中国森林面积达 21822.05 万公顷，蓄积量 1705819.59 万立方米；天然林面积有 13867.77 万公顷，占森林总面积的 63.549%，蓄积量达 1367059.63 万立方米，占总蓄积量的 80.141%（中国森林资源报告，2018）。天然林在木材供给中发挥了重要作用，在 1998 年天然林保护工程（NFPP）实施后天然林的采伐量大幅下降，"十一五"（2006—2010 年）期间天然林的采伐量占总采伐量的 37%，"十二五"（2011—2015 年）期间又减少了 6%，比例下降到 31%（中国森林资源报告，2014）。天然林全面商业禁伐是中国政府实施的最严格森林资源保护措施（Dai *et al.*，2018）。天然林保护政策（Natural Forest Protection Program，NFPP）始于 1998 年，分为两个阶段：2000—2011 年为第一阶段，2011—2020 为第二阶段（Hua *et al.*，2018）。与已有的政策不同，天然林全面商业禁伐政策将采用"一刀切"的方式（one-size-fits-all；Hou *et al.*，2019），从 2014—2017 年按照省份分 3 批实现全面禁止天然林的商业采伐。2014 年黑龙江率先停止天然林的采伐，占全国天然林面积的 10.79% 和蓄积量的 12.02%；此后，内蒙古和吉林在 2015 年实现天然林禁伐，占全国天然林面积的 16.21% 和蓄积量的 16.71%；2016 年河北、福建、江西、湖北、湖南、广西和云南的国有和集体所有的天然林实现禁伐，占全国天然林面积的 29.04% 和蓄积量的 25.34%；2017 年中国大陆地区剩余 21 个省份实现禁伐占全国天然林面积的 43.96% 和蓄积量的 45.93%。

天然林全面商业禁伐会引发从森林生态系统到木材加工经济系统的复杂影响过程（图 2-1）。①天然林全面商业禁伐对森林资源可持续产生了复杂的影响。由于天然林在中国森林面积和蓄积量中占有较高的比例，且森林资源的生态价值更高，所以该政策的实施必然保护了森林的生态价值。现阶段中国人工林在森林蓄积量中所占比重仅为 1/3，单位面积蓄积量为 49 立方米/公顷，只有天然林的一半。因此，天然林全面商业禁伐后，木材供给的功能主要由人工林承担，人工林面临着木材供给的严峻压力。因此，天然林全面商业禁伐后，将得到有效的保护，人工林的数量和质量有减少的潜在风险；森林资源总量因该政策的实施可持续水平将提升。②天然林全面商业禁伐，将引发木材市场的系列变化。天然林禁伐政策对木材市场的影响主要是由采伐限额的分配影响的。由于中国实施采伐限额制度，采伐限额决定了国内原木供给量。天然林禁伐后，天然林的采伐限额的分配策略将影响国内原木供给：如果禁伐后天然林的限额超过了《中华人民共和国森林法》规定的"采伐量不得超过蓄积增长量"的要求，那么人工林的木材供给能力无法满足禁伐后的供给要求，导致采伐限额将下降，国内原木供给量下降；反之，采伐限额不发生变化，保持天然林禁伐前的木材供给能力。另一种比较极端的情况是，天然林禁伐后，从采伐限额总量中刨去天然林的采伐限额。因此，天然林禁伐将很可能减少原木的供给，原木供给的减少，导致进口量的增加，进而影响原木国际市场；同时，原木市场的变化将进一步影响国内锯材市场，进而导致锯材供需和进口量的变化。③天然林全面商业禁伐政策将导致森林生态系统和木材市场经济系统的动态反馈。原木市场把森林资源变化与木材供需经济系统有机地组合在一起，天然林禁伐政策将导致木材供给下降；同时，森林资源的保护将使森林资源的蓄积增长量增加，提升了木材供给能力。天然林

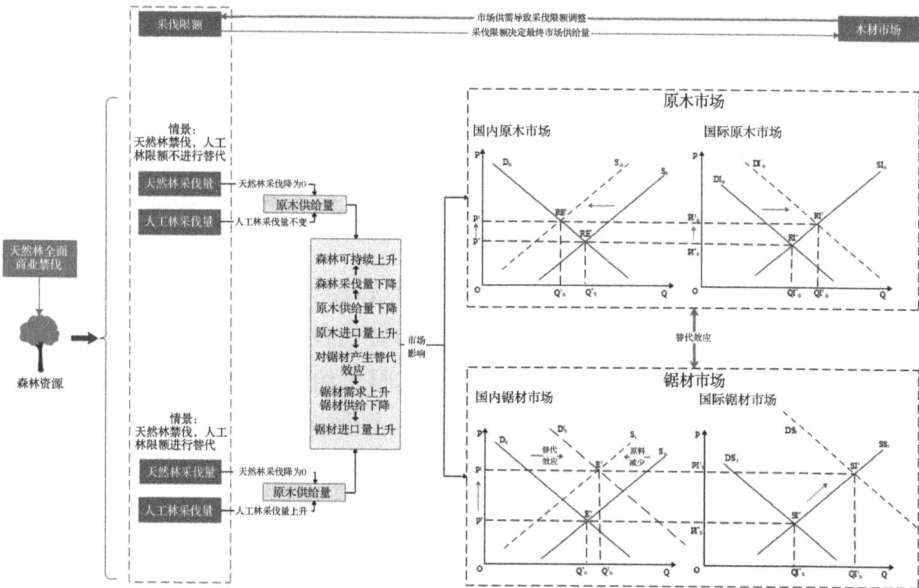

图 2-1　天然林全面商业禁伐分析框架

禁伐加速了森林资源增加的正反馈的强度；而天然林禁伐引发的木材市场的震荡调整，并最终形成新的均衡。天然林全面商业禁伐引发的森林生态和木材市场经济系统的变化，并通过森林生态系统和木材供需经济系统间的反馈结构相互传导，并达到新的均衡状态。

天然林全面商业禁伐将改变木材市场的均衡状态，并且政策的影响从原木市场向锯材市场传导。天然林全面商业禁伐后，已有研究认为（Zhang and Chen，2021；Ke et al.，2019）中国的天然林禁伐政策将大幅减少木材的供给，所以不管是否增加人工林的采伐限额以弥补天然林采伐量的下降都可能引发木材供给量的下降，进而引发整个木材供需市场均衡状况的改变。天然林禁伐后，首先导致原木的供给曲线向左移动，导致国内原木供给量的下降，国内木材价格上升，导致原木进口数量的上升；中国原木进口数量的上升引发国际市场木材需求曲线的右移动，最终引发了国际市场价格的上升。由于中国是世界重要的原木进口国，其原木进口量平均占世界原木市场的 40% 左右（FAO，2020）；同时，俄罗斯、加拿大、越南等分别采取措施对原木的出口加以限制。因此，天然林禁伐后，中国从国际市场上无法获取足够的原木以满足国内市场，而采用进口锯材以弥补原木进口数量的不足。天然林全面商业禁伐引发的原木供给下降，必然会导致下游锯材加工产业供给曲线的左移；同时，在原木需求量的上升和国际市场无法满足中国对原木全部需求的情况下，天然林全面商业禁伐会引发锯材对原木的需求替代效应，导致锯材需求曲线右移，最终国内市场将形成新的均衡；在新的均衡情况下，天然林全面禁伐会导致锯材的需求量和价格的上升。锯材需求的增加，必然引发进口量的上升，引发国际市场锯材需求量上升，国际锯材市场也将受到中国天然林禁伐的影响。因此，全面天然林商业禁伐会改变原木和锯材国内和国际市场的均衡状态，引发了产业链的连锁反应。

天然林全面商业禁伐后，该政策的影响通过原木市场向其他市场传导影响程度主要受到人工林对天然林采伐限额的替代程度的影响。随着中国政府对森林资源保护力度的加强，人工林成为木材供给的主要来源。第八次清查结果显示，人工林保存面积达 6933 万公顷，占中国有林地面积的 36%；人工林蓄积量 24.83 亿立方米，占中国森林蓄积量的 17%，木材供给增加量的 85% 以上来源于人工林。天然林全面商业禁伐后，人工林对天然林的采伐限额的替代程度成为决定该政策对木材市场影响的程度。如果人工林能弥补天然林全面商业禁伐后的限额，那么该政策对木材市场的影响程度较小；反之，则会较大幅度的改变。2014—2020 年的《中国林业统计年鉴》显示，2015 年中国原木供给量从 2014 年的 8233 万立方米下降到 7200 万立方米；此后 2016—2019 年出现了上涨的趋势，2019 年原木供给量达到了 9028 万立方米的历史最高水平。该数据说明，人工林在天然林禁伐后增加了采伐量，政策对木材市场的影响是有限的。

2.2.2　研究假设

研究基于已有理论分析了天然林全面商业禁伐政策对森林资源生态系统和木材供需市场经济系统的影响，以及该政策在两个系统的传导过程。根据分析的结果，研究提出以下假设：

（1）天然林全面商业禁伐有效地保护了森林资源，森林资源的数量和质量整体提升，森林资源的可持续水平显著增加。天然林全面商业禁伐直接减少了天然林的采伐，使森林资源面积和蓄积量的增加量要大于非禁伐的情况，森林资源得到了有效的恢复。

（2）天然林全面商业禁伐引发国内木材供给量下降、价格上升，原木进口量上升；下游锯材市场受到替代效应的影响，国内锯材需求增加、供给下降、价格上升，锯材进口量上升。天然林全面商业禁伐会沿着原木和锯材两个市场传导，在两个市场间产生了复杂的影响。

（3）天然林全面商业禁伐对木材市场的影响程度取决于人工林采伐限额的变化。天然林全面停伐后其采伐限额被人工林替代的程度决定了该政策的影响程度。这种影响程度主要表现为人工林的采伐限额变化会影响森林资源数量和质量的变化，人工林限额的变化会影响原木供给和进口数量，以及锯材市场的均衡状态。

由于天然林全面商业禁伐会引发森林生态系统和木材市场经济学系统的复杂影响，利用传统的计量经济学的方法很难准确估计该政策的效应。研究利用仿真模拟与计量经济学结合的方法估计该政策的影响。

3 天然林全面商业禁伐对森林资源的影响分析

天然林全面商业禁伐直接减少了对天然林的采伐，这对提升森林资源的数量和质量均具有重要的意义。本部分将检验天然林全面禁伐政策对森林资源的影响，并确定该政策对森林资源的影响强度。研究构造了天然林禁伐仿真模型，利用该模型分析预测了天然林禁伐后森林资源和可持续水平的变化，并分析了天然林禁伐对森林资源可持续水平的影响。

3.1 天然林全面商业禁伐仿真模型

本节主要介绍森林资源变化模型和衡量森林资源可持续方法，为分析预测中国森林资源可持续性水平提供分析工具。该模型解决了已有森林资源数据的缺失问题，还能模拟在不同情境下森林资源和森林资源可持续变化的水平。

3.1.1 模型的基本结构

森林资源是木材加工产业的物质载体，森林资源的可持续利用水平决定了产业发展的潜力和森林资源的生态安全状况。因此，研究需构建一个反映森林资源和森林可持续性变化的模型。该模型应具备以下功能：①反映森林资源生长的变化趋势，尤其是人工林变化的趋势；②动态描述森林采伐行为对森林资源变化的影响；③反映木材国际贸易对各国家木材市场的影响。因此，研究在已有研究(刁钢，2014；Turner *et al.*，2006)基础上构建了新的森林资源模型，该模型包括 3 个部分：森林资源模块、国内木材市场和国际木材市场模块。

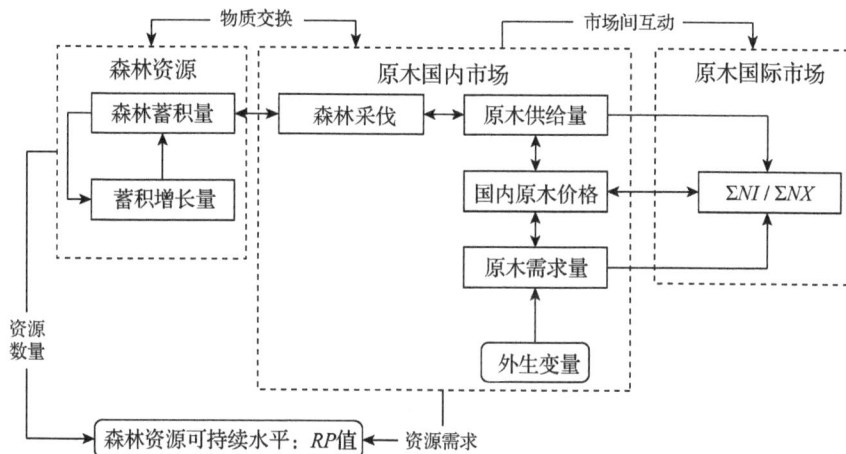

图 3-1　模型的基本结构

研究构建的森林资源动态变化模型为森林资源可持续计算提供了数据支撑，反映了森林资源可持续水平变化中资源、产业和市场之间的动态关系。图 3-1 描述了该模型的基本结构，根据研究要求森林资源部分反映了森林资源的动态变化，该变化不仅包括了森林资源的自然增长规律，还反映了人类社会对森林采伐的影响；原木国内市场部分描述了国内原木供需变化和市场均衡形成的过程，该过程把国际市场和森林资源有机地连接在一起；国际市场部分描述了国际市场均衡的实现过程，以及全球市场变化如何向国内市场传导进而影响各国森林资源的路径。该模型的最终目的是根据森林资源和市场的变化测算世界主要国家和中国各省份森林资源可持续水平的变化趋势。

森林资源的变化受到森林蓄积增长量、枯损量和采伐量 3 个主要因素的影响（公式 3-1）。i 表示区域，t 表示时间，森林蓄积量（S_t）由上一期蓄积量（S_{it-1}）、蓄积增长量（GS_{it}）、枯损量（LS_{it}）和采伐量（CS_{it}）共同决定。其中，蓄积增长量和枯损量主要由森林资源自身变化决定，而森林采伐量由需求和市场共同决定。

森林蓄积量：$S_{it} = S_{it-1} + GS_{it} - LS_{it} - CS_{it}$　　　　　　　　　（3-1）

根据 Turner 等（2006）的研究，蓄积增长量受到单位面积蓄积量和人工林比例两部分的影响，且蓄积增长量随着单位面积蓄积量的变化呈现"S"形的变化趋势，即单位面积蓄积量越小（即中幼林比例越高）蓄积增长率越高。同时，由于人工林的生长过程加入了更多的人类干预，所以蓄积增长率要高于天然林。本研究与已有研究不同，将分别对天然林和人工林的蓄积增长率进行计算以提升预测的准确性（公式 4-2）。其中，j 表示天然林和人工林，A 表示森林面积。系数 α_1 为常数，α_2 为生产系数，根据 Turner 等（2006）的研究该系数为负值。

$$r_{ijt} = \alpha_1 \cdot \left(\frac{S_{ijt}}{A_{ijt}}\right)^{\alpha_2} \tag{3-2}$$

根据森林生长规律，枯损量是关于单位面积蓄积量的函数，随着单位面积蓄积量的增长枯损量增加，因此，l 为枯损率，β_1 为常数，β_2 为枯损半弹性，且为正值。

$$l_{it} = \beta_1 \cdot \left(\frac{S_{it}}{A_{it}}\right)^{\beta_2} \tag{3-3}$$

研究根据森林资源模型分别估计了森林蓄积增长率和森林蓄积量枯损率两个方程，并利用优化校准的方法对参数进行了进一步的校准。根据增长率和枯损率可以计算出蓄积增长量：$GS_{it} = S_{it-1} \cdot r_{it}$ 和枯损量 $LS_{it} = S_{it-1} \cdot l_{it}$。

森林资源的采伐量由价格和森林蓄积量决定，其中，中国森林采伐量的变化是根据《中华人民共和国森林法》中采伐限额的规定，采伐量需小于森林蓄积增长量（公式 3-4）；而其他国家采伐量在模型中被设定为小于蓄积量（公式 3-5）。公式 3-4 和公式 3-5 描述了原木供给量（WS）的变化，当期原木供给量受到上一期原木供给量和价格（P）变化的影响。其中，γ 为原木的供给价格弹性系数；ρ 为出材率（$0<\rho<1$）中国出材率来源于《中国林业发展报告》，而世界其他国家的出材率来源于世界林产品贸易模型（GFPM，2014）。

中国原木供给量：$$WS_{it} = \min\left[WS_{it-1} \cdot \left(\frac{P_t}{P_{t-1}}\right)^{\gamma}, \ GS_{it} \cdot \rho\right] \tag{3-4}$$

其他国家原木供给量：$$WS_{it} = \min\left[WS_{it-1} \cdot \left(\frac{P_t}{P_{t-1}}\right)^{\gamma}, \ S_{it-1} \cdot \rho\right] \tag{3-5}$$

因此，根据原木供给量可以计算出采伐量：$$CS_{it} = \frac{WS_{it}}{\rho} \tag{3-6}$$

原木的需求和供给形成了国内原木市场。需求由两部分组成一部分为国内原木需求，另一部分为国际市场原木需求。其中，国内原木市场需求由经济发展水平、上一期需求和价格等因素共同决定（公式 3-7）。其中，WD 为国内原木需求量，Y 为 GDP 真实值，φ_1 为 GDP 对需求的弹性，φ_2 为价格的需求弹性。当原木的产能大于国内需求时，该国为净出口国。净出口量受到上一期出口量与当期全球原木价格变化的影响（公式 3-8）因此，国内原木的总需求表示为公式 3-9；国内原木的总供给表示为公式 3-10，NI_{it} 为原木净进口量。

$$WD_t = WD_{t-1} \cdot \left(\frac{Y_t}{Y_{t-1}}\right)^{\psi_1}\left(\frac{P_t}{P_{t-1}}\right)^{\psi_2} \tag{3-7}$$

$$NX_{it} = NX_{it} \cdot \left(\frac{GP_t}{GP_{t-1}} \right)^{\delta} \tag{3-8}$$

国内原木总需求量：$TD_{it} = \begin{cases} WD_{it}, & \text{净进口国} \\ WD_{it} + NX_{it}, & \text{净进口国} \end{cases}$ \tag{3-9}

国内市场的总供给：$TS_{it} = \begin{cases} WS_{it} + NI_{it}, & \text{净进口国} \\ WS_{it}, & \text{净进口国} \end{cases}$ \tag{3-10}

国内市场和国际市场的价格由市场供需状况其他价格影响因素决定。公式 3-11 描述了国内原木价格的变化，η_1 为价格对供需平衡的反应系数。公式 3-12 描述了国际市场价格（GP）的变化，GD 为全球市场的总需求量（净进口国的进口总量：$\sum NI_{it}$，GS 为全球市场的总供给量（净出口国的出口总量：NX_{it}），η_1 为全球价格对供需平衡的反应系数。

国内原木价格：$P_{it} = P_{it-1} \cdot \left(\frac{TD_{it}}{TS_{it}} \right)^{\eta_1}$ \tag{3-11}

国际市场原木价格：$GP_{it} = GP_{it} \cdot \left(\frac{GD_{it}}{GS_{it}} \right)^{\eta_2}$ \tag{3-12}

该模型的系数主要采用了面板数据的方法进行估计，在计量模型估计结果的置信区间范围内利用优化校准的方法对系数进行了进一步优化以提升模型对历史数据的还原能力。该模型包含了世界 150 个国家，能分析从 1990—2030 年森林资源变化水平，为森林资源可持续性提供必要的数据。

3.1.2　森林资源可持续性衡量标准

森林资源的可持续是指实现人类对森林资源利用的永续性，更高效、合理和充分地使用森林资源，以实现既满足当代又满足后代对森林资源的需求。虽然森林资源是一种可再生资源，当森林资源的采伐量小于森林资源的生长量时，森林资源可以实现可持续利用。已有研究采用了不同的指标衡量森林资源的可持续，杨诚誉和陈启博（2017）采用了复合指标衡量湖南省森林资源的可持续，李建钦和苏建兰（2015）、杨广青等（2014）利用森林蓄积量衡量森林资源的可持续性。刁钢（2014）认为单纯地使用森林资源数量判断森林资源的可持续水平并不准确，蓄积量和面积只反映了森林资源的存量不能反映资源的动态变化，所以这些指标不能准确衡量森林资源的可持续水平。刁钢等（2014；2016）研究引入了 RP 值衡量森林资源的可持续水平。RP 原被广泛应用于衡量石油资源可开采时间以及预测石油产量的变化（Bentley，2002；Greene et al.，2005），RP 值反映了石油资源储量和消费量之间的动态变化，更能反映资源的消耗状况以及石油产量的预期变化。

　　本研究在刁钢等（2014；2016）研究基础上重新定义森林资源 RP 值，并分析该指标的变化特征。刁钢等（2014；2016）把 RP 值定义为森林蓄积量与森林采伐量的比值，该定义反映了森林资源可以利用的时间长度；RP 值越大说明森林资源的可持续性越强。Greene 等（2005）的研究强调应对影响 RP 值的各要素进行分解才能更为准确地判断资源的可持续性。而刁钢（2014；2016）的研究只对 RP 值进行了定义，而没有具体阐述影响蓄积量和采伐量的影响因素。森林资源的变化主要受到森林蓄积量、森林资源生长量、森林资源采伐量、森林资源枯损量的影响；而森林采伐量主要受到经济社会和出材率的影响。因此，森林资源 RP 值被定义为：

$$RP = \frac{R}{P} = \frac{S_{t-1} + GS_t - CS_t - LS_t}{CS_t} = \frac{S_{t-1} + \Delta G_t}{CS_t} \qquad (3\text{-}13)$$

　　根据公式 3-13 给出了影响森林资源 RP 值的主要因素，其中 R 为森林蓄积量，P 为森林采伐量（原木产量除以出材率），t 为时间；森林蓄积量等于上一期森林蓄积量加上蓄积增长量减去采伐量和枯损量。公式（3-13）说明，当蓄积净增长量（ΔG）大于等于采伐量时森林资源的 RP 值将出现上升或平稳的变化趋势；反之，随着时间的推移，森林资源的可持续变化呈现出抛物线状。因此，森林资源的可持续性呈现出 3 种状态：①森林蓄积净增长量大于采伐量，森林资源可持续水平将稳步上升；②森林蓄积净增长量等于采伐量，森林资源可持续水平将稳定在特定水平；③森林蓄积净增长量小于采伐量，森林资源可持续水平将呈现出抛物线状。

　　同时，森林资源的 RP 值考虑了森林资源的自然变化规律与人类经济社会活动的动态关系，反映了森林资源的可持续性。森林蓄积增长量由林种结构、人工林的比例、森林抚育水平等多种因素决定；而森林采伐量由木材市场、采伐技术和管理水平等因素决定。因此，森林资源 RP 值描述了多种因素作用的最终结果，但人类经济社会对森林资源的管理和需求因素是主要核心因素，该指标可以反映人类活动对森林资源产生的影响。

　　总之，森林资源 RP 值可以判断森林资源的可持续利用水平，反映人类经济社会活动对森林资源的影响，以及国际贸易行为对各国森林资源可持续水平的间接影响。因此，RP 值是一个较好反映森林资源可持续水平的指标，该指标实现了对资源、国内经济活动和国际市场的动态反映，并能判断各国木材供给能力，为分析各国木材加工产业的原料基础提供了科学依据。

3.2
中国森林资源变化趋势分析

本节利用中国森林资源生态安全模型分析中国森林资源的历史变化趋势。研究分为两个部分：首先进行 1990—2014 年的历史模拟，评价模型对历史数据还原的准确性；然后，分析了中国森林资源的历史变化趋势。

3.2.1　模型历史模拟与评价

3.2.1.1　模型历史模拟结果评价

研究利用 1990—2014 年 GDP 增长率和采伐限额数据进行了历史模拟，研究采用了龙格库塔四阶的模拟方法，模拟的步长为 1 个季度，并评价了模型还原历史数据的能力。本研究的模型能计算森林资源的年度变化，而《全国森林资源清查报告》每 5 年统计森林资源的变化（1993 年、1998 年、2003 年、2008 年和 2013 年，共 5 次），所以只能通过对比这 5 个关键时间点判断模型对历史数据的还原能力。同时，衡量森林资源变化状态的指标较多，且很多指标（蓄积增长量、采伐量和枯损量）是反映森林资源变化的流量，这些变量最终影响到森林资源的状态，所以研究采用森林蓄积量和面积两个变量作为评价模型的变量。研究采用 Theil 不相等系数及其分解作为评价模型的标准，已有研究（刁钢，2014）认为该指标不仅能反映模型对历史数据整体的还原能力，还能说明模型误差的来源。偏差比率反映了模拟序列平均值偏离真实序列平均值的程度，偏差比率越接近于 0 说明模型的系统偏差越小；方差比率反映了模拟变量变化程度的能力，如果方差比率较大说明真实序列的波动程度很大，而模拟序列的波动程度较低。

表 3-1 给出了 31 个省份森林蓄积量和森林面积的 Theil 系数、偏差比率和方差比率。模型对森林蓄积量的历史模拟结果显示，31 个省份 Theil 系数、方差比率和偏差比率的均值分别为 0.0713、0.0451 和 0.0818；森林面积历史模拟结果的 3 个统计分别为 0.0577、0.0462 和 0.0888。该结果说明，由于森林蓄积量和面积 3 个统计均小于 10%，所以模型较好地还原了中国森林资源的历史变化趋势。其中，森林蓄积量 Theil 系数超过 10% 的省份包括北京、山东、广东、四川和陕西等省份；森林面积 Theil 系数超过 10% 的省份主要包括黑龙江、吉林和甘肃。导致这些省份 Theil 不相等系数较大的主要原因不是模型对森林资源变化系统的反应能力不足，而是模型对真实序列的波动程度反应能力不足。导致这种情况出现的原因可能是模型中没有包含影响这些省份

森林资源变化的因素。

总之，模型较好地还原了历史数据中的关键时间点，准确反映了中国森林资源的变化趋势。森林蓄积量和面积模拟准确不仅说明模型对这两个变量有着较高的还原度，还说明模型对其他影响森林面积和蓄积量的流变量（蓄积增长量、枯损量、采伐量等）也具有较为准确的预测能力。由于森林资源的变化具有明显的趋势和规律性，森林面积和蓄积量发生结构性变化的可能性非常低，所以该模型具有预测未来中国森林资源变化趋势的能力。

表 3-1　模型历史模拟评价结果

省　份	森林蓄积量			森林面积		
	Theil 系数	偏差比率	方差比率	Theil 系数	偏差比率	方差比率
北京市	0.1430	0.0436	0.0897	0.0087	0.0230	0.0921
天津市	0.0957	0.0773	0.0779	0.0705	0.1015	0.0856
河北省	0.0970	0.0597	0.1154	0.0312	0.0190	0.1061
山西省	0.0319	0.0635	0.0679	0.0629	0.0319	0.0958
内蒙古自治区	0.1046	0.0427	0.0939	0.0261	0.0885	0.0991
辽宁省	0.0493	0.0142	0.0525	0.0828	0.0395	0.0905
吉林省	0.0174	0.0946	0.0802	0.1099	0.0306	0.1323
黑龙江省	0.1065	0.0349	0.1023	0.1133	0.0243	0.0785
上海市	0.0619	0.0229	0.0957	0.0311	0.0348	0.0922
江苏省	0.0206	0.0289	0.0849	0.0357	0.0420	0.0656
浙江省	0.0370	0.0534	0.0531	0.0596	0.0349	0.1078
安徽省	0.0308	0.0172	0.1122	0.0623	0.0289	0.0559
福建省	0.0529	0.0379	0.0557	0.0182	0.0420	0.1283
江西省	0.0536	0.0779	0.1263	0.0650	0.0878	0.0727
山东省	0.1319	0.0224	0.0535	0.0757	0.1134	0.1062
河南省	0.0999	0.0213	0.0643	0.0274	0.0320	0.0608
湖北省	0.0463	0.0578	0.1066	0.0711	0.0481	0.0861
湖南省	0.0712	0.0374	0.0877	0.0495	0.0210	0.0719
广东省	0.1453	0.0368	0.0549	0.0223	0.0378	0.0790
广西壮族自治区	0.0379	0.0309	0.1351	0.0464	0.0735	0.0803
海南省	0.0445	0.0637	0.0607	0.0666	0.0266	0.1177
重庆市	0.0699	0.0634	0.0525	0.0237	0.0460	0.0698
四川省	0.1098	0.0809	0.0557	0.0647	0.0540	0.0696
贵州省	0.0436	0.0261	0.0973	0.0635	0.0859	0.0983

（续）

省 份	森林蓄积量			森林面积		
	Theil 系数	偏差比率	方差比率	Theil 系数	偏差比率	方差比率
云南省	0.0393	0.0558	0.0984	0.0618	0.0344	0.0943
西藏自治区	0.0905	0.0241	0.0908	0.0600	0.0459	0.0881
陕西省	0.1368	0.0274	0.1187	0.0807	0.0591	0.1147
甘肃省	0.0638	0.0494	0.0583	0.1360	0.0351	0.0654
青海省	0.0817	0.0289	0.0549	0.0551	0.0505	0.0666
宁夏回族自治区	0.0356	0.0550	0.0549	0.0366	0.0150	0.0863
新疆维吾尔自治区	0.0612	0.0468	0.0851	0.0694	0.0253	0.0940

注：利用 R 语言对比了 5 次清查结果。

3.2.1.2　中国森林资源历史变化趋势

研究历史模拟还可以获取连续的年度森林资源数据，实现了对森林资源清查数据的补充。该方法与插值等方法不同，反映了森林资源各变量之间的动态反馈关系，还符合森林资源的生长规律。因此，研究可以通过历史模拟的方法补全森林资源清查间隔年份的数据。

历史模拟结果显示（图 3-2），中国森林资源在 1990—2014 年呈现出上升的趋势，在森林资源的数量上均显著增长。中国森林蓄积量在该期间以 2.16% 的速度增长，2014 年达到了约 1557244.3 万立方米，总共增加了约 643911.1 万立方米；森林面积以年均 2.46% 的速度增长，2014 年达到了 23481.0 万公顷；蓄积量年均增加 56352.5 万立方米，年均增长 2.52%；森林年均枯损量达到了 9048.7 万立方米，枯损量随着森林蓄积量的增长而上升，2000 年前枯损量平均增长 1.8%，2000 年以后上升到了 2.15%；森林采伐量在 2002 年前变化较为平稳，2002 年随着蓄积增长量的增加采伐也以 3.26% 的速度上升，到 2014 年达到了 28862.7 万立方米。

从历史数据看，中国森林资源的数量（森林蓄积量和面积）大幅提升，森林资源的供给能力也大幅提升，但森林资源的质量水平变化不大。森林资源单位面积蓄积量 1990 年为 70.16 立方米/公顷，到 2005 年保持年均 0.9% 的速度下降，2005 年单位面积蓄积量下降到了 62.46 立方米/公顷，在 15 年的时间里每公顷减少了约 7.7 立方米；2005—2014 年单位面积蓄积量以 0.7% 的速度缓慢上升，2014 年单位面积蓄积量达到了 66.32 立方米/公顷。单位面积蓄积量的上升说明，一方面单位面积可提供的木材资源的增加，另一方面单位面积蓄积量的增加有助于恢复森林生态环境，提升森林资源的整体质量。

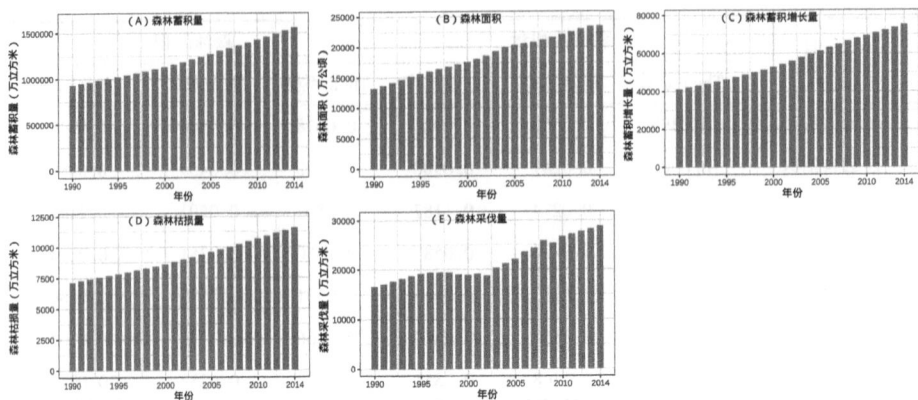

图 3-2　中国森林资源历史变化趋势

数据来源：模型模拟结果。

　　研究利用模型计算了 31 个省份①森林资源的变化趋势并进行了对比分析。彩图 1 描述了 31 个省份森林蓄积量、单位面积蓄积量和 *RP* 值 3 个变量。从图中可以发现，中国森林资源的分布并不均匀，森林资源主要分布在东北和西南地区，从变化趋势看各省份森林资源的数量和质量均有了一定程度上升。在 1990 年，蓄积量前 3 名的省份分别为西藏自治区、黑龙江省和云南省，蓄积量分别为 144299.19 万立方米、133906.86 万立方米和 113145.74 万立方米，且这些省份森林资源的 *RP* 值和单位面积蓄积量均高于其他省份。

　　彩图 1 描述了各省份森林资源面积、采伐量、蓄积增长量和森林枯损量的 1990—2014 年的变化。在天然林保护工程和大规模国土绿色等政策的影响下，各省份森林面积均有了一定程度的提升，其中，内蒙古、云南、四川、河北等省份森林面积的增长量较大，这说明中国森林资源数量的增长主要目的是修复破坏的生态环境。从采伐量看，主要集中于森林资源较为丰富的黑龙江、云南和四川等省份，以及木材加工产业较为发达的广东、广西、福建等省份，且木材加工业较为发达的省份采伐量增长速度较快。结果说明，随着森林资源分类经营的推广，人工林在木材供给中的作用将逐步提升，成为木材供给的主要来源。森林增长和枯损量反映了各省份木材的供给能力。由于中国实行采伐限额制度，该制度要求森林采伐量要小于森林蓄积增长量，所以森林蓄积增长量和枯损量反映了各省份木材的供给潜力。从彩图 1 可以

　　① 由于缺少香港、澳门和台湾森林资源的数据，模型只计算大陆 31 个省份森林资源的变化趋势。

发现森林蓄积量较多的省份蓄积增长量和枯损量的数值较大，所以这些省份木材供给的潜力较大；而那些森林资源较少尤其是单位面积蓄积量较小的省市蓄积增长率较高，蓄积增长量提升的幅度较快。

总之，研究利用中国森林生态安全模型进行了历史模拟，评价了模型的历史数据还原能力，并分析了 1990—2014 年森林资源的变化趋势。历史模拟结果说明，该模型对中国森林资源有着较好的还原度，该模型具备了森林资源预测的能力。森林资源的历史模拟结果说明，中国森林资源在数量上有了大幅增长，森林面积和蓄积量均增加了约 1 倍，且遏制住了单位面积蓄积量的下降；但是随着木材加工业的发展，森林资源的可持续水平并没有大幅提升。

3.2.2 天然林全面商业禁伐后中国森林资源变化趋势预测

森林资源的变化趋势是影响生态和产业安全的关键因素，本节利用中国森林生态安全模型预测 2030 年中国森林资源的变化趋势。研究首先设置了预测的基本情景；然后分析了在不同情境下中国森林资源的变化特征并进行了对比分析。

3.2.2.1 预测情景设置

为了预测了未来 10 年中国森林资源的变化，需要对影响中国森林资源和木材供需变化的情景设定，并通过设定的情景预测在不同情况下森林资源和木材供需的变化趋势。

为了保证森林资源的可持续和生态安全，中国森林资源的管理有着严格的管理制度。《中华人民共和国森林法》要求对森林的采伐实施采伐限额制度，以保障森林资源的消耗量应小于森林的生长量，以实现可持续发展的目的。同时，中国的造林活动不是简单的商业行为，而是国家重大的战略工程。2018 年，国家林业和草原局下发了《关于积极推进大规模国土绿化行动的意见》，该意见提出要大规模增加森林面积，实现生态资源的修复。因此，影响中国森林资源变化和木材供给的关键因素——森林面积的变化和森林采伐量均不是市场行为，所以增加了预测的难度。

因此，研究假设未来中国森林资源变化的情景：①造林面积的设置：未来 10 年各省份造林面积为 1981—2016 年造林面积的均值。按照"十三五"末森林面积覆盖率 23.04% 和《国民经济和社会发展第十四个五年规划和 2035 年远景目标纲要》2035 年 24.1% 的目标，根据计算未来 10 年年均造林面积接近历史平均造林面积及可以略高于 2035 年目标。②采伐限额的设置：据《中华人民共和国森林法》的采伐量应小于蓄积增长量的要求，研究采用采伐量占蓄积增长量的比值：假设森林采伐量为一个三角分布，三角分布由最小值、最可能值和最大值构成。蓄积量增长量与采伐率的乘积衡量采伐量的方法，根据森林资源清查结果计算了 1989—2014 年采伐量占蓄积增长量的比例，最小值为 6.8%，均值为 11.7%，最大值为 15.8%。③宏观经济环境的设置：由于木材的需求是由宏观经济环境决定的，所以模型需合理设定 GDP 增长率作为模型预测的前提。然而，新冠疫情的爆发和持续引发了战后最严重的经济衰退，研究采用了三角法识别了近 40 年经济衰退的特征，并利用蒙特卡洛模拟、ARIMA 和 ETS 组合的方法预测了 2030 年 GDP 的变化率（附表 1）。④天然林全面商业禁伐的设置：中国天然林面积 12184 万公顷，占有林地面积的63.549%；蓄积量 122.96 亿立方米，占森林蓄积量的 83%（中国森林资源报告，2014），天然林全面禁伐必将影响国内森林资源和原木供给。Hou 等（2017）认为天然林全面商业禁伐将在 2014—2017 年逐步进行，且天然林全面商业禁伐的目的是一种非市场行为，而是实现对森林资源的恢复和保护（Dai et al., 2018；Hua et al., 2018）。为了更准确地反映森林资源的变化以及对世界木材贸易的影响，根据 Zhang 和 Chen（2021）的研究对中国天然林全面商业禁伐的路线图进行了更为细致的设置。在 2014 年黑龙江开始全面禁止天然林商业采伐，2015 年内蒙古和吉林相继实施了禁伐，2016 年，河北、福建、江西、湖北、湖南、广西和云南共 7 个省份对国有、集团和个人所有的天然林实施禁伐；2017 年剩余省份实施该政策。根据第八次森林资源清查的结果显示，2014 年 15.81% 的天然林资源被保护，2015 年增加到 32.25%，2016 年达到 77.04%，2017 年全部的天然林资源均被保护。研究将根据该禁伐路线图设定中国各个省份天然林禁伐的过程。⑤天然林全面禁伐后的国内原木供给的设置：天然林全面商业禁伐将减少天然林的采伐，导致天然林的采伐限额变为 0，而人工林的限额大幅增加。根据已有研究（刁钢，2018）天然林全面商业禁伐将减少天然林采伐 2000 万~50000 万立方米原木产量。而 2017 年后中国原木产量稳步提升，2017 年为 8398 万立方米，增长了 8%；2018 年为 8432 万立方米，增长了 0.4%；2019 年达到了 9028 万立方米，增长了 2.5%（中国林业统计年鉴，2020）。结果表明，天然林全面商业禁伐没有大幅影响国内原木供给，天然林的差分限额被应用到人工林中。因此，研究假设天然林禁伐空出的采伐限额按照人工林蓄积增长量的比例在各省份间分配（$\frac{GS_{it}^R}{\sum GS_{it}^R} \cdot WS_t^N$，其中，$R$ 为人工林，N 为天然林）。根据对未来森林资源变化情景的假设，研究设置了 3 种情景(表 3-2)。

研究利用情景设置的参数(表 3-2)进行蒙特卡洛模拟(模拟次数为 1000 次),模拟的时间范围为 2015—2030 年,模拟的补偿为半年,并采用固定步长的龙格库塔方法,研究还采用了随机模拟的方法以反映变量变化的分布特征。

表 3-2 模拟情景设置

情景内容	情景 1(s1)	情景 2(s2)	情景 3(s3)
造林面积	三角分布①	三角分布①	三角分布①
采伐限额	三角分布②	三角分布②	三角分布②
GDP 增长率	三角分布③	三角分布③	三角分布③
天然林商业禁伐	无禁伐	禁伐④	禁伐④
人工林补偿	无补偿	补偿⑤	无补偿

注:根据情景假设汇总,上标表示对应的假设。

3.2.2.2 中国森林资源变化趋势分析

研究利用模型模拟了 3 种情境下森林资源的变化情况,并比较了 3 种情景下森林蓄积量、面积、单位面积蓄积量、生长量、采伐量和枯损量,为计算森林资源可持续性水平提供数据支撑。

彩图 2 描述了森林蓄积量、面积、单位面积蓄积量、生长量、采伐量和枯损量 6 个变量从 2015—2030 年的变化趋势,分别给出了 3 种情境的预测均值和 95%的置信区间。预测结果显示,未来 10 年中森林资源得到快速恢复,森林资源的数量和质量均有一定程度的提升;从彩图 2 可以发现,情景 s3 的森林资源数量要略高于其他 2 个情景,说明天然林禁伐后不增加人工林的采伐量以补偿天然林的采伐限额,可以减少采伐数量,更好地保护森林资源。还可以发现,天然林全面商业禁伐的影响效果会随着时间而显现出来,3 种情景的差异较大。

森林蓄积量的预测结果显示,3 种情境下森林蓄积量在 2016—2030 年分别以 2.23%、2.25%和 2.29%的速度增长。2020 年 3 种情景的蓄积量的 95% 置信区间为 1761475 万 ~ 1794597 万立方米(均值为 1776749 万立方米)、1758797 万 ~ 1799061 万立方米(均值为 1780111 万立方米)和 1795483 万 ~ 1843475 万立方米(均值为 1818048 万立方米);2025 年 3 种情景的蓄积量的 95%置信区间为 1967925 万 ~ 1997309 万立方米(均值为 1983924 万立方米)、1970176 万 ~ 2001298 万立方米(均值为 1989561 万立方米)和 2011635 万 ~

2049391 万立方米(均值为 2035825 万立方米);2030 年 3 种情景的蓄积量的 95% 置信区间为 2201115 万~2227182 万立方米(均值为 2215799 万立方米)、2196681 万~2250134 万立方米(均值为 2224145 万立方米)和 2256945 万~2303153 万立方米(均值为 2280088 万立方米)。其中,情景 s2 比情景 s1 蓄积量平均高出 4458 万立方米,情景 s3 比情景 s1 蓄积量平均高出 46952 万立方米,情景 3 比情景 2 蓄积量高出 42493 万立方米;且不同情景之间差异的变化率呈现出递减的趋势。结果表明,在没有天然林禁伐的情况下(s1)由于森林资源消耗的数量多蓄积量增长的速度要慢于有天然林禁伐的情况;在情景 s3 下,天然林禁伐后如果不用人工林替代,将减少对森林资源的破坏;情景 s2 用人工林替代了天然林禁伐后的限额,使天然林得到了较好的保护,但森林蓄积总量的变化与情景 s1 平均每年只相差 4458 立方米,到 2030 年两者的差距也只有 8346 万立方米,只占森林资源总量的 0.05%。因此,天然林全面商业禁伐对森林资源蓄积量存在影响,但这种影响的程度在中短期是有限的。

森林面积的预测结果显示,3 种情境下森林蓄积量在 2016—2030 年分别以 0.32%、0.33% 和 0.34% 的速度增长。2020 年 3 种情景的森林面积的 95% 置信区间为 23701 万~24196 万公顷(均值为 23943 万公顷)、23737 万~24121 万公顷(均值为 23956 万公顷)和 23909 万~24292 万公顷(均值为 24114 万公顷);2025 年 3 种情景的森林面积 95% 的置信区间为 24176 万~24578 万公顷(均值为 24327 万公顷)、24217 万~24512 万公顷(均值为 24347 万公顷)、24238 万~24790 万公顷(均值为 24528 万公顷);2030 年 3 种情景的森林面积 95% 的置信区间为 24483 万~24922 万公顷(均值为 24709 万公顷)、24561 万~24991 万公顷(均值为 24736 万公顷)、24761 万~25107 万公顷(均值为 24941 万公顷)。情景 s2 比情景 s1 森林面积平均多 16 万公顷,情景 s3 比情景 s1 森林面积平均多 186 万公顷,情景 s3 比情景 s2 森林面积平均多 170 万公顷;且这种差异随着时间变化而变小。

森林单位面积蓄积量的预测结果显示,3 种情境下森林蓄积量在 2016—2030 年分别以 1.90%、1.92% 和 1.94% 的速度增长。2020 年 3 种情景的单位面积蓄积量 95% 置信区间为 73.8~74.8 立方米/公顷(均值为 74.2 立方米/公顷)、73.8~74.8 立方米/公顷(均值为 74.3 立方米/公顷)和 74.7~75.9 立方米/公顷(均值为 75.4 立方米/公顷);2025 年 3 种情景的单位面积蓄积量 95% 的置信区间为 80.5~82.3 立方米/公顷(均值为 81.6 立方米/公顷)、80.6~82.3 立方米/公顷(均值为 81.7 立方米/公顷)、81.9~83.9 立方米/公顷(均值为 83.0 立方米/公顷);2030 年 3 种情景的单位面积蓄积量 95% 的置信区间为 89.0~90.8 立方米/公顷（均值为 89.7 立方米/公顷）、89.1~91.0 立方米/公顷（均值为 89.9 立方米/公顷）、90.2~92.0 立方米/公顷（均值为 91.4 立方米/公顷）。情景 s2 比情景 s1 森林面积平均多 0.130 立方米/公顷，情景 s3 比情景 s1 森林面积平均多 1.322 立方米/公顷，情景 s3 比情景 s2 森林面积平均多 1.192 立方米/公顷；且这种差异随着时间变化而变小。预测结果说明，天然林全面商业禁伐提升了单位面积蓄积量，森林资源的质量得到了恢复。同时，如果用人工林替代天然林（情景 s3），那么单位面积蓄积量之间的差异程度较小。这主要由于天然林禁伐提升了天然林的单位面积蓄积量，但人工林的采伐数量的增加降低了人工林的单位面积蓄积量，综合两者最终情景 s2 的单位面积蓄积量提升的幅度与没有天然林禁伐的情况十分接近。

森林蓄积增长量的预测结果显示，3 种情境下森林蓄积增长量在 2016—2030 年分别以 2.19%、2.21% 和 2.25% 的速度增长。2020 年 3 种情景的蓄积增长量的 95% 置信区间为 84822 万~86497 万立方米（均值为 85497 万立方米）、84374 万~86696 万立方米（均值为 85656 万立方米）和 86521 万~88634 万立方米（均值为 87568 万立方米）；2025 年 3 种情景的蓄积增长量的 95% 置信区间为 94832 万~96020 万立方米（均值为 95330 万立方米）、94562 万~96298 万立方米（均值为 95597 万立方米）和 96884 万~98852 万立方米（均值为 97922 万立方米）；2030 年 3 种情景的蓄积增长量的 95% 置信区间为 105079 万~107451 万立方米（均值为 106236 万立方米）、105938~108174 万立方米（均值为 106629 万立方米）和 108151 万~110918 万立方米（均值为 109430 万立方米）。其中，情景 s2 比情景 s1 蓄积量平均高出 211 万立方米，情景 s3 比情景 s1 蓄积量平均高出 2348 立方米，情景 s3 比情景 s2 蓄积量高出 2137 万立方米；且不同情景之间的差异变化率呈现出递减的趋势。该结果说明，在天然林禁伐不用人工林替代天然林情况下（情景 s3），蓄积增长量最大，而情景 s1 和情景 s2 两者之间的差异非常小。这主要由于虽然人工林弥补了天然林采伐限额的缺口，但人工林较高抚育水平可以提升蓄积增长率，最终导致情景 s2 的蓄积增长量要略高于情景 s1。

森林枯损量的预测结果显示，3 种情境下森林枯损量在 2016—2030 年分别以 2.07%、2.10% 和 2.13% 的速度增长。2020 年 3 种情景的森林枯损量 95% 置信区间为 13001 万~13258 万立方米（均值为 13105 万立方米）、12933 万~13289 万立方米（均值为 13129 万立方米）和 13229 万~13552 万立方米（均值为 13389 万立方米）；2025 年 3 种情景的森林枯损量的 95% 置信区间为 14447 万~14628 万立方米（均值为 14522 万立方米）、14406 万~14670 万立方米（均值为 14563 万立方米）和 14717 万～15016 万立方米（均值为 14874 万立方米）；2030 年 3 种情景的森林枯损量 95% 置信区间为 15919 万～16279 万立方米（均值为 16095 万立方米）、16050 万～16388 万立方米（均值为 16154 万立方米）和 16332 万～16750 万立方米（均值为 16525 万立方米）。其中，情景 s2 比情景 s1 蓄积量平均高出 32 万立方米，情景 s3 比情景 s1 蓄积量平均高出 320 万立方米，情景 s3 比情景 s2 蓄积量平均高出 288 万立方米；且不同情景之间的差异变化率呈现出递减的趋势。该结果说明，天然林禁伐虽然保护了森林资源，但是增加了森林资源的枯损量，尤其情景 s3 的枯损量远高于其他情景。

森林采伐量的预测结果显示，3 种情境下森林采伐量在 2016—2030 年分别以 2.13%、2.25% 和 2.20% 的速度增长。2020 年 3 种情景的森林枯损量 95% 置信区间为 32997 万～33648 万立方米（均值为 33259 万立方米）、32563 万～33459 万立方米（均值为 33058 万立方米）和 32553 万～33348 万立方米（均值为 32947 万立方米）；2025 年 3 种情景的森林采伐量 95% 置信区间为 36798 万～37259 万立方米（均值为 36991 万立方米）、36542 万～37213 万立方米（均值为 36942 万立方米）和 36333 万～37070 万立方米（均值为 36722 万立方米）；2030 年 3 种情景的森林采伐量 95% 置信区间为 40650 万～41567 万立方米（均值为 41097 万立方米）、40933 万～41797 万立方米（均值为 41200 万立方米）和 40378 万～41411 万立方米（均值为 40856 万立方米）。其中，情景 s2 比情景 s1 蓄积量平均低 166 万立方米，情景 s3 比情景 s1 蓄积量平均低 342 万立方米，情景 s3 比情景 s2 蓄积量平均低 176 万立方米；且不同情景之间的差异变化率呈现出递减的趋势。天然林禁伐在前期影响了木材的采伐量和国内木材供给，随着森林资源的恢复和人工林供给潜力的提升，情景 s2 供给的采伐要到 2030 年超过了没有天然林禁伐的情景。这说明天然林禁伐虽然在短期内将大幅减少森林的采伐量，但随着森林资源的恢复可以缓慢地提升森林资源的木材供给能力。

总之，中国森林资源在未来 10 年将得到快速的恢复，能实现森林资源的预期增长目标；天然林禁伐政策对于保护森林资源有着一定作用，但是很难在短期内大幅改变森林资源存量。天然林全面商业禁伐将改变中国木材供给的来源，人工林成为主要的木材来源，并且将逐渐消减禁伐政策的影响。

3.2.3　天然林全面商业禁伐对森林资源影响的对比分析

研究预测了中国各省份森林资源的变化情况（彩图 3 至彩图 8），并比较了

3 种情境下森林资源变化的差异性，分析森林资源的变化特征。从彩图 3 至彩图 8 可以发现各省份森林资源得到了较好的恢复，尤其是那些天然林比例较高的省份如黑龙江、吉林、内蒙古等省份恢复速度较快，且森林资源的质量也有了一定程度的提升。同时，木材的供给来源也从北方向南方转移，广西、福建、广东和山东等省份木材供给的份额提升。由于天然林禁伐政策是影响森林资源和木材供给最重要的政策因素，所以研究对比了不同政策情境下的森林资源变化，为科学判断森林资源可持续发展状态提供了依据。

彩图 9 描述了各个省份森林蓄积量在 2015 年、2020 年、2025 年和 2030 年森林蓄积量、面积、单位面积蓄积量、蓄积增长量、森林采伐量和枯损量 6 个变量在 3 种情境下的对比。对比结果说明，天然林禁伐政策可以有效地保护森林资源。尤其当天然林禁伐后不利用人工林替代天然林的限额，在这种情况下除森林采伐量的其他 5 个变量的数值均略高于其他两种情景；同时，情景 s2 的森林资源状态的均值要略高于情景 s1。然而，森林采伐量的变化与反映森林资源变量的变化相反，其均值的排序：s1>s2>s3。研究还利用 2015 年、2020 年、2025 年和 2030 年共 4 年的省份界面数据进行了 3 种情景差异性显著分析，以判断天然林全面商业禁伐政策的显著性。6 个变量的 3 种情景差异性检验结果(彩图 9 左上角部分)说明，天然林全面商业禁伐在未来 10 年引发的森林资源变化的效果是不显著的，说明该政策的实施虽然保护了森林资源，但并不会在中短期内产生明显的效果。天然林禁伐政策对森林资源影响效果的不显著性主要由森林资源生长规律和中国木材供给来源决定的。天然林禁伐政策改变了森林资源变化的流量，即减少了森林的采伐。然而，由于禁伐引发的森林资源蓄积量的变化占森林资源总量的 0.05%，所以该政策在中短期内对森林资源的数量和质量提升的效果并不明显，但仍对森林资源的变化具有一定效应。因此，天然林全面商业禁伐在短期内对森林资源变化的影响程度有限，其效果将会在长期显现出来。

从预测结果看，情景 s2 更接近真实情况，所以研究将利用情景 s2 的预测结果作为计算森林资源可持续的数据。由于研究的预测从 2015 年开始，所以研究可以利用中国原木真实产量作为选择预测结果的标准。从 2015—2019 年原木产业看，情景 s2 预测的 Theil 系数只有 0.073，情景 s3 预测的 Theil 系数为 0.272。这说明情景 s2 的预测结果更接近真实值。

3.3
天然林全面商业禁伐对森林资源可持续的影响分析

3.3.1　中国森林资源可持续性变化特征分析

3.3.1.1　中国森林资源可持续性变化趋势

　　彩图 10 描述了森林资源可持续水平历史模拟和预测结果。历史模拟结果显示，中国森林资源 RP 值整体变化趋势较为平稳，1990—1995 年出现了小幅下降，RP 值从 55.112 下降到 53.246；1996—2002 年 RP 值呈现出上升的趋势，2002 年达到了 63.057；2003 年以后 RP 值呈现出缓慢下降的趋势，且维持在约 54 的水平。预测结果显示，森林资源 RP 值在 2015—2030 年整体呈现出波动上升的趋势，3 种情景下的平均变化率依次为 0.02%、0.03% 和 0.05%。2015 年 3 种情景的森林资源 RP 值依次为 52.50 ~ 53.48（均值为 52.99）、53.71~54.34（均值为 54.03）和 54.50~55.78（均值为 55.14）；2020 年 3 种情景的森林资源 RP 值依次为 52.91~54.18（均值为 53.54）、53.52~54.66（均值为 54.09）和 54.72~55.55（均值为 55.13）；2025 年 3 种情景的森林资源 RP 值依次为 53.23 ~ 54.00（均值为 53.62）、53.90 ~ 54.99（均值为 54.44）和 54.63~55.80（均值为 54.42）；2030 年 3 种情景的森林资源 RP 值依次为 53.14~54.53（均值为 53.84）、54.10~54.75（均值为 54.42）和 54.91~55.90（均值为 55.41）。

　　森林资源的预测结果见彩图 3 至彩图 9，彩图 11 描述了 1990 年、1995 年、2000 年、2005 年、2010 年和 2014 年各省份森林资源 RP 状态。从中可以发现，天然林比例较高的省份，森林资源单位面积蓄积量和 RP 值较高。同时，也是天然林禁伐主要影响的省份。这些省份的森林资源可持续水平均远高于全国的平均值。各省份森林资源 RP 值的预测结果［彩图 10（2）］，图中给出了 3 个情景下的 RP 值的变化，预测结果说明情景 s3 的 RP 值最高，其次是情景 s2。并且，森林资源 RP 值增长速度较快的省份主要集中在天然林比例较高的省份。根据历史模拟和预测结果可以推断，中国未来森林资源可持续水平的提升主要动力来源于天然林比例较高的省份，而较低的省份将利用较少的森林资源满足经济社会对木材的需求。这将降低人工林比例较高省份资源的可持续，不利用这些省市资源的可持续发展。因此，天然林禁伐在主流作用推动了森林资源的恢复，但也导致了区域森林资源可持续水平的不均衡。

3.3.1.2 中国森林资源可持续性与其他国家对比分析

研究还利用模型分析了世界 155 个主要国家森林资源可持续性并进行了比较。为了更准确地判断中国与其他国家森林资源可持续的特征，研究计算了 2000—2019 年森林资源蓄积量、森林采伐量①和 *RP* 值(图 3-3)。从图中可以发现，森林蓄积量和采伐量存在明显的线性相关关系，随着蓄积量的增长采伐量上升。图中圆圈的大小表示森林资源 *RP* 值，中国森林资源可持续水平排世界 106 位，只有世界平均水平的 1/6。从图中还可以发现，森林资源 *RP* 水平较高的国家蓄积量和采伐量之间的线性关系更明显(如图方框里的国家)。

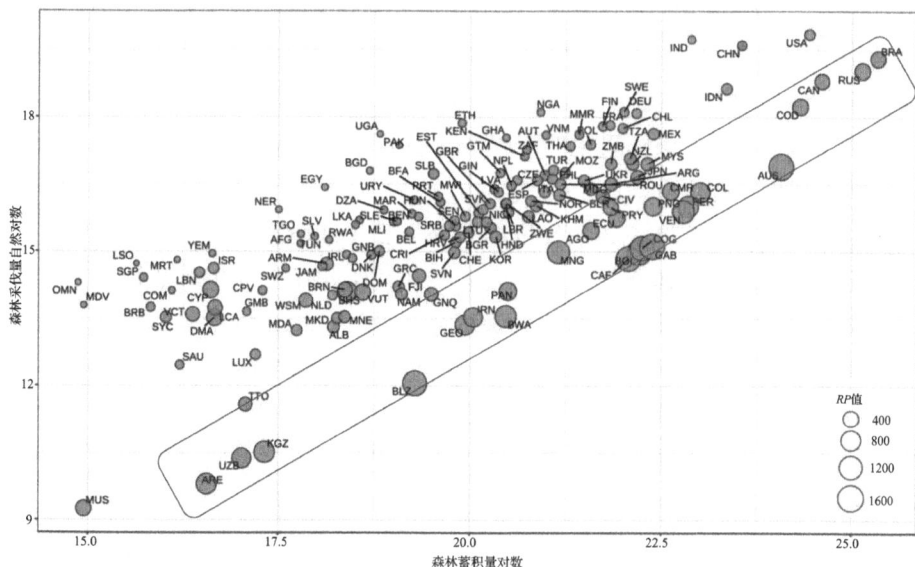

图 3-3　世界主要国家森林资源 *RP* 值

中国森林的特征主要表现为森林资源的总量在世界排在前列，但采伐量也远高于其他国家，这导致森林资源的可持续水平较低。

中国具有较高的森林蓄积量和采伐量导致了森林资源可持续水平要低于世界平均水平。中国与其他国家相比，虽然有丰富的森林资源，但经济社会发展对木材需求量也大幅增长导致对森林资源的采伐量也大幅上升。中国森林资源的可持续水平处于较低的水平。美国森林资源可持续水平是中国的 1.8 倍，俄罗斯是中国的 8.3 倍。通过森林资源可持续水平的横向对比可以发现，中国近 40 年采取如天然林保护工程、采伐限额、大规模国土绿化等保护政策，使中国森林资源的采伐量要低于生长量，导致森林可持续水平下降的趋

---

① 155 个国家森林蓄积量和采伐量差异性较大，研究采用了两者的对数进行比较。

势被遏制，且维持在 50~60 的水平。总之，中国森林资源面临着资源保护和产业发展对木材需求的双重挑战，森林资源的可持续水平保持在较为稳定的水平，基本实现了森林资源的可持续利用。要达到世界平均水平，还需要较长的时间实现森林资源的恢复。

3.3.2 天然林全面商业禁伐后森林资源可持续性对比

研究对比了 3 种情景下森林资源可持续水平的差异，从彩图 12 中可以发现，各省份森林资源 2015—2030 年预测的均值之间还是存在明显的差异，单因素方差检验结果说明该差异在 1% 的水平下是显著的。通过对比发现，情景 s2 比情景 s1 森林资源可持续高出 0.65，且该差异在 1% 的水平显著；情景 s3 分别比情景 s1 和情景 s2 高出 1.6 和 0.95，且均在 1% 的水平显著。情景 s2 与真实情况最为接近，该结果说明天然林全面商业禁伐提升了中国森林资源的可持续，但提升幅度有限。

森林资源的持续增长和采伐量的下降导致了 3 种情景显著的差异。在前面的分析中，由于森林资源的生长周期长和政策作用时间短等原因导致森林资源和采伐量在 3 种情景间的差异是不显著的。然而，由于天然林禁伐政策导致森林资源和采伐量发生了相反方向的变化，最终导致 3 个情景下森林资源可持续水平的显著差异。中国森林资源可持续变化趋势分析结果说明，在天然林禁伐背景下中国森林资源可持续水平缓慢上升，且对资源的可持续利用有着显著的影响。利用人工林替代天然林的采伐限额一方面有助于森林资源的恢复，另一方面保障了国内原木供给的稳定性，满足了木材加工产业的发展需要。因此，在情景 s2 的情况下，中国森林资源可持续水平显著提升。

3.4

小 结

禁伐政策保护了中国森林资源，政策的影响在 2015—2030 年并不显著，但森林资源可持续水平显著提升、安全状况改善，政策的效果需较长时间才能完全显现。研究模拟了在新冠疫情等复杂宏观环境下和不同采伐、造林和保障木材供给政策的情景下，禁伐政策对森林资源的影响。研究对比分析了无天然林禁伐的情景、天然林禁伐后用人工林替代天然林限额和天然林禁伐后不用人工林替代天然林采伐限额 3 种情景发现，禁伐后用人工林替代天然林采伐限额的情景与真实情景最为接近。情景对比结果说明，无禁伐的情景森林面积、蓄积量、单位面积蓄积量均高于天然林禁伐的情景；如果用人工林替代天然林采伐限额，森林资源恢复的速度略有减缓。然而，3 种情景的蓄积量、森林面积、单位面积蓄积量、蓄积增长量、森林采伐量和森林枯损量在 2015—2030 年均不存在显著差异。禁伐政策虽然保护了森林资源，但其政策效果并没有完全显现出来；从变化趋势看，禁伐的情景与无禁伐的情景间的差异随时间增加，禁伐政策的效果需要更长时间才能完全释放。研究基于森林资源可持续性测度方法衡量了森林资源的安全状况。禁伐政策显著提升了中国森林资源可持续水平，因此森林资源安全得到有效提升但幅度有限，森林资源安全状况随着政策效果的释放将逐步改善。

4 天然林全面商业禁伐对中国木林市场的影响分析

本章检验了天然林全面商业禁伐政策对中国木材供需量和进口量的影响，并检验该政策是否提高了中国木材对外依存度，增加了木材供给安全风险。研究利用仿真模型模拟天然林禁伐政策对原木和锯材市场的影响，最后分析了对中国木材安全的影响。

4.1
天然林全面商业禁伐对木材供需影响的分析框架

本章在分析天然林禁伐对森林资源影响的基础上，利用仿真模型进一步分析该政策对木材市场的影响。研究只选取了狭义的木材（原木和锯材）作为研究对象。原木是从森林采伐后经过切削等初步的加工成为最基础的原料，锯材是在原木基础上经过进一步的切削加工各种标准的材料，所以这两种材料是最基本的原料。图 4-1 描述了原木和锯材在木材加工产业中的作用，可以发现原木和锯材是连接木材加工产业的关键原料。原木的供给是天然林全面

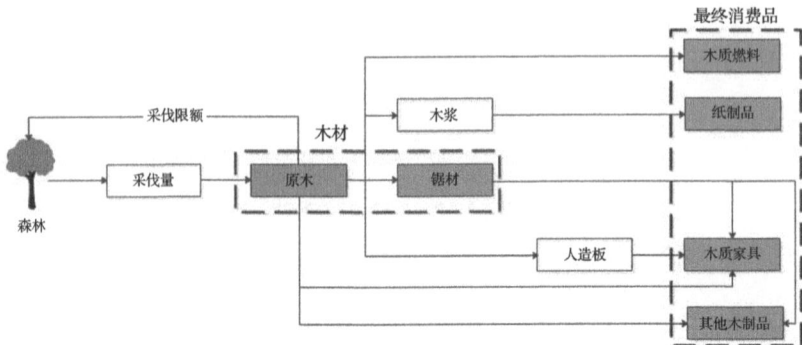

图 4-1　天然林对木材供需影响

商业禁伐直接影响对象，原木的供需成为经济系统与生态协调连接的关键节点。而锯材是除原木之外最主要的原料来源，一般原木经过进一步的加工成为锯材，再被应用到其他生产过程中，最终决定其他木质林产品的数量。因此，只要分析原木和锯材两种最主要的原料就可以判断全面天然林商业禁伐政策的影响，尤其能更好地反映该政策对中国木材安全状况的影响。

根据天然林全面商业禁伐对森林生态系统和经济系统的影响作用过程和研究的假设，本章将首先检验天然林全面商业禁伐对国内原木市场和锯材市场的影响；然后从进口的视角分析原木和锯材的对外依存度对政策的响应，并判断该政策对中国木材供给安全的影响。研究通过对比不同模拟情景的结果判断天然林全面商业禁伐产生的影响。

4.2
天然林全面商业禁伐对原木和锯材供需的影响

研究利用模型模拟了 2014 年以后在 3 种不同的情景下中国原木和锯材的供需状况；并利用单因素方差分析对比了 3 种情景供需的差异。由于天然林禁伐后，木材市场面临着复杂的环境，研究采用了蒙特卡洛模拟方法，可以更科学地检验政策的影响效果。

4.2.1 天然林全面商业禁伐对原木供需的影响

根据前面的假设，本节主要检验天然林禁伐政策对原木市场的影响。研究将分别检验以下假设：①天然林全面商业禁伐政策减少了国内原木的供给，原木进口量增加；②人工林对天然林采伐限额的替代程度是影响原木市场均衡状态的主要因素。

4.2.1.1 天然林全面商业禁伐后原木供给变化趋势分析

研究利用仿真模型计算了 2015—2030 年中国原木供给量在 3 种情景下的状态。彩图 13 分别给出了原木供给的模拟结果的分布情况。从彩图 13 可以发现，不管是否天然林禁伐，随着中国森林资源的恢复中国原木供给量均呈现出增长的趋势。模拟结果显示，中国天然林全面禁伐后中国原木供给在 2015 年出现了大幅的下降后，2016 年开始原木的供给量均恢复了上升的趋势。

在没有天然林禁伐的情况下（情景 s1），2015 年原木供给量的模拟均值为 7862.8 万立方米，95% 的置信区间为 7440.0 万~8252.0 万立方米；天然林禁伐后用人工林替代天然林的采伐限额情况下（情景 s2），2015 年的原木供给量的模拟均值为 7630.8 万立方米，95%的置信区间为 7154.6 万~8061.3 万立方米；天然林禁伐后不用人工林替代天然林的采伐限额情况下（情景 s3），2015 年的原木供给量的模拟均值为 7229.9 万立方米，95%的置信区间为 6894.5 万~7530.2 万立方米。2015 年中国实际原木产量为 7200 万立方米，该结果与情景 s3 的模拟结果均值基本一致，与情景 s2 模拟结果的 5%的分位数较为接近。与 2015 年真实结果对比可以发现，当 32.25%的天然林被保护后，原木供给量比 2014 年下降了 1033 万立方米，模拟结果显示 2015 年天然林全面商业禁伐后，人工林的供给量并没有增加以弥补人工林的采伐量的减少。

在没有天然林禁伐的情况下（情景 s1），2016 年原木的供给量的模拟均值为 8171.6 万立方米，95%的置信区间为 7785.2 万~8526.4 万立方米；天然林禁伐后用人工林替代天然林的采伐限额情况下（情景 s2），2016 年的原木供给量的模拟均值为 7865.8 万立方米，95%的置信区间为 7455.0 万~8255.7 万立方米；天然林禁伐后不用人工林替代天然林的采伐限额情况下（情景 s3），2016 年的原木供给量的模拟均值为 7405.1 万立方米，95%的置信区间为 6968.2 万~7793.3 万立方米。2016 年中国实际原木产量为 7776 万立方米，该结果与情景 s2 的模拟结果均值只相差 89.8 万立方米，说明在禁伐后及时调整了人工林的采伐量以满足原木的需求。

在没有天然林禁伐的情况下（情景 s1），2017 年原木的供给量的模拟均值为 8264.0 万立方米，95%的置信区间为 7908.7 万~8565.3 万立方米；天然林禁伐后用人工林替代天然林的采伐限额情况下（情景 s2），2017 年的原木供给量的模拟均值为 7963.6 万立方米，95%的置信区间为 7469.8 万~8455.2 万立方米；天然林禁伐后不用人工林替代天然林的采伐限额情况下（情景 s3），2017 年的原木供给量的模拟均值为 7550.6 万立方米，95%的置信区间为 7107.3 万~7936.4 万立方米。2017 年中国实际原木产量为 8398 万立方米，该结果与情景 s1 和情景 s2 的模拟结果均值分别相差 134.0 万立方米和 434.4 万立方米。2017 年中国的实际原木供给量已经恢复到政策实施前的水平，人工林采伐量的增加导致全面天然林禁伐政策的实施并没有引发中国原木供给量的下降。

2015—2017 年模拟结果与真实结果对比说明，天然林全面禁伐政策实施后，中国政府采取了不同的策略以保障木材供给。2015 年天然林禁伐后人工林的采伐量并没有大幅增加，导致原木供给量大幅下降；2016 年随着天然林禁伐面积的增加，人工林的采伐量也大幅提升，原木供给量大幅上升；2017 年全面禁伐后，中国政府进一步扩大了人工林的采伐量，并使原木供给量恢复到了禁伐政策实施前的 2013 年的水平。因此，天然林全面商业禁伐对中国原木供给的影响是短期的，从长期看，该政策并没有在长期降低中国的原木供给能力。并且，随着人工林采伐量的增加，中国原木供给能力的变化趋势将介于情景 s1 和情景 s2 之间，即人工林将替代天然林绝大部分的采伐限额以缓解天然林全面商业禁伐政策的影响。

研究还预测了 2020—2030 年中国原木供给的变化趋势。2020 年受疫情的影响，情景 s1 的原木供给量为 9032.6 万立方米（95% 置信区间为 8600.8 万~9463.2 万立方米），情景 s2 的原木供给量为 8490.1 万立方米（95% 置信区间为 8387.2 万~9273.7 万立方米），情景 s3 的原木供给量为 8837.1 万立方米（95% 置信区间为 8072.1 万~8885.2 万立方米）。2025 年情景 s1 的原木供给量为 10282.8 万立方米（95% 置信区间为 9802.4 万~10725.9 万立方米），情景 s2 的原木供给量为 10037.7 万立方米（95% 置信区间为 9615.5 万~10376.4 万立方米），情景 s3 的原木供给量为 9532.3 万立方米（95% 置信区间为 8991.7 万~9985.4 万立方米）。2030 年情景 s1 的原木供给量为 11597.7 万立方米（95% 置信区间为 11023.5 万~12096.1 万立方米），情景 s2 的原木供给量为 11674.6 万立方米（95% 置信区间为 11109.5 万~12216.9 万立方米），情景 s3 的原木供给量为 10872.3 万立方米（95% 置信区间为 10326.6~11358.8 万立方米）。中国原木供给量在未来 10 年还将保持较快速度的增长，情景 s1、情景 s2 和情景 s3 预测的未来增长速度为 2.56%、3.04% 和 2.81%，情景 s2 的增速最快，因此，未来 10 年原木供给量增长最可能介于 2.56%~3.04%。

4.2.1.2 天然林全面商业禁伐后原木需求变化趋势分析

天然林全面商业禁伐后，首先通过市场影响了原木国内供给量，原木供给量下降引发国内价格上升，进而导致进口量的上升；国内原木供给量的下降必然导致进口量上升，进口量的增加导致总体价格①的下降，最终引发原木总需求量的上升。研究利用仿真模型计算了 2015—2030 年中国原木供给量在 3 种情境下的状态。

彩图 14 描述了在 3 种模拟情境下需求量的变化趋势。情景 s1、情景 s2 和情景 s3 的需求仿真结果显示，木材需求在天然林全面商业禁伐后仍然保持增长的趋势。3 种情境下的需求增长率分别为 1.18%、1.53% 和 1.62%。模拟结果与预期结果基本一致，当天然林禁伐后由于进口量的增加，导致总体价格下降，需求量出现小幅度的上升，且这种现象随着进口量的增加表现也越明

---

① 总体价格等于国内和进口原木价格乘以在需求量所占的比例。

显。因此，情景 s2 和情景 s3 的增长量要略高于没有天然林禁伐的情况。

在没有天然林禁伐的情况下（情景 s1），2015 年原木的需求量的模拟均值为 13508.9 万立方米，95% 的置信区间为 12666.7 万 ~14208.2 万立方米；天然林禁伐后用人工林替代天然林的采伐限额情况下（情景 s2），2015 年的原木需求量的模拟均值为 13020.5 万立方米，95% 的置信区间为 12083.8 万 ~13614.6 万立方米；天然林禁伐后不用人工林替代天然林的采伐限额情况下（情景 s3），2015 年的原木需求量的模拟均值为 13615.9 万立方米，95% 的置信区间为 12888.9 万 ~14184.0 万立方米。2015 年中国实际原木需求量为 12129.1 万立方米，该结果与情景 s2 的模拟结果均值基本一致，两者之间的误差比例约为 7.34%，且与情景 s2 模拟结果的 5% 的分位数较为接近，两者只相差 45.3 万立方米。2015 年原木真实需求量比 2014 年下降了 1223.9 万立方米。

在没有天然林禁伐的情况下（情景 s1），2016 年原木的需求量的模拟均值为 13833.6 万立方米，95% 的置信区间为 13122.5 万 ~14476.7 万立方米；天然林禁伐后用人工林替代天然林的采伐限额情况下（情景 s2），2016 年的原木需求量的模拟均值为 13226.0 万立方米，95% 的置信区间为 12859.2 万 ~14206.4 万立方米；天然林禁伐后不用人工林替代天然林的采伐限额情况下（情景 s3），2016 年的原木需求量的模拟均值为 13873.9 万立方米，95% 的置信区间为 13057.4 万 ~14520.3 万立方米。2016 年中国实际原木需求量为 12899.0 万立方米，该结果与情景 s2 的模拟结果均值基本一致，两者之间的误差比例约为 2.47%。该结果说明，在 2016 年天然林禁伐后用人工林替代了人工林的部分采伐限额，进口量的增加导致原木价格小幅下降，木材需求量比 2015 年上升了 769.9 万立方米。

在没有天然林禁伐的情况下（情景 s1），2017 年原木的需求量的模拟均值为 14136.9 万立方米，95% 的置信区间为 13390.2 万 ~14846.3 万立方米；天然林禁伐后用人工林替代天然林的采伐限额情况下（情景 s2），2017 年的原木需求量的模拟均值为 13656.3 万立方米，95% 的置信区间为 12959.9 万 ~14325.2 万立方米；天然林禁伐后不用人工林替代天然林的采伐限额情况下（情景 s3），2017 年的原木需求量的模拟均值为 14221.6 万立方米，95% 的置信区间为 13579.5 万 ~14695.8 万立方米。2017 年中国实际原木需求量为 13924.0 万立方米，该结果与情景 s2 的模拟结果均值非常一致，两者之间的误差比例约为 1.96%。2017 年全部省份实施天然林全面禁伐后，原木需求量进一步上升。

研究通过对比 2015—2017 年原木需求量仿真结果与真实结果可以发现，天然林全面禁伐政策的实施，只有在 2015 年出现了需求的下降，而 2016 和 2017 年以后需求量恢复到天然林禁伐前的水平。该结果基本验证了本研究的假设，天然林禁伐后，进口原木数据的增加将导致国内整体价格的下降，最终导致需求量的增加。同时。通过对比情景 s2 和情景 s3 木材需求量的差异可以发现 2015—2017 年由进口价格引发的需求增量较小，3 年平均的差异只有502.9 万立方米，只占情景 s2 需求量的 3.75%。模拟结果与真实结果的对比说明，模型准确地反映了天然林全面商业禁伐后中国木材供需的变化。

研究还预测了 2020—2030 年中国原木需求的变化趋势。2020 年受疫情的影响，情景 s1 的原木需求量为 14781.0 万立方米（95% 置信区间为 13847.8 万 ~ 15635.2 万立方米），情景 s2 的原木需求量为 14211.6 万立方米（95% 置信区间为 13625.0 万 ~ 14664.1 万立方米），情景 s3 的原木需求量为 14806.3 万立方米（95% 置信区间为 14076.3 万 ~ 15415.7 万立方米）。2025 年情景 s1 的原木需求量为 15269.2 万立方米（95% 置信区间为 14626.0 万 ~ 15746.4 万立方米），情景 s2 的原木需求量为 15320.9 万立方米（95% 置信区间为 14467.1 万 ~ 15987.9 万立方米），情景 s3 的原木需求量为 15943.4 万立方米（95% 置信区间为 135140.0 万 ~ 16546.1 万立方米）。2030 年情景 s1 的原木需求量为 16100.9 万立方米（95% 置信区间为 15231.6 万 ~ 16850.1 万立方米），情景 s2 的原木需求量为 16324.7 万立方米（95% 置信区间为 15478.6 万 ~ 17064.7 万立方米），情景 s3 的原木需求量为 17328.2 万立方米（95% 置信区间为 16436.9 万 ~ 18109.3 万立方米）。由于情景 s2 的模拟结果更接近历史真实值，且历史数据也验证了天然林禁伐后人工林的采伐量在 2015 年后大幅增加，所以研究选取情景 s2 的结果作为最终预测结果。研究认为在"十四五"末中国原木需求量将在 135140.0 万 ~ 16546.1 万立方米，到"十五五"末原木需求量可能达到15478.6 万 ~ 17064.7 万立方米。

4.2.1.3　天然林全面商业禁伐对原木供需影响对比分析

为了判断天然林全面商业禁伐对中国原木供给和需求的影响，研究分别对比了 2015 年、2020 年、2025 年和 2030 年 3 种不同情境下原木供给量和需求量存在由天然林禁伐导致的显著差异。

原木供给量模拟结果的比较说明（彩图 15），天然林禁伐后 3 种不同情景的原木供给量存在着显著的差异。其中，没有天然林禁伐的情景 s1 的原木供给量在 2015 年、2020 年和 2025 年的数量最多，且与其他两个情景存在显著的差异；而天然林全面禁伐后不用人工林替代天然林的情景 s3 的原木供给量在 4 个时间点的原木供给量是最小的；天然林禁伐后用人工林替代天然林的采伐限额在 2015 年、2020 年和 2025 年处于情景 s1 和情景 s3 之间，到 2030 年将略微超过情景 s1。该结果说明：①在控制了其他变化的情况下，天然林全面禁伐会减少国内原木供给量，但减少程度取决于人工林对天然林的替代程度；②在天然林禁伐后人工林可以成为国内原木供给的唯一来源，基本保障木材供给，不会大幅度降低国内原木供给量；③随着人工林的采伐量的增加，人工林的蓄积增长量也会增加，为提升原木供给能力提供了保障。虽然天然林全面商业禁伐对原木供给量产生了显著的影响，但该政策的影响作用是有限的。2015 年该政策对情景 s2 和情景 s3 的原木供给量只分别减少了 2.95% 和 8.05%，2020 年分别为 2.17% 和 6.01%，2025 年分别为 2.38% 和 7.30%，2030 年分别为 -0.66% 和 6.25%。该结果说明，即使在非常极端的情景 s3 下，天然禁伐对原木供给量的影响程度也是有限的，不会彻底改变中国木材的供需状况。

原木需求量模拟结果的比较说明（彩图 16），天然林全面商业禁伐政策通过市场显著影响了中国对原木的需求。天然林全面商业禁伐导致国内原木供给量下降，进口原木比例增长，进而导致价格的下降，推动了原木需求量的上升。同时，原木需求量的增加程度由人工林对天然林采伐限额的替代程度决定，替代程度越低，进口的原木数量越多，国内价格也越低，需求量也越高。因此，情景 s3 的需求量在 2015—2030 年均显著高于其他两个情景；情景 s2 的需求量在 2025 年以前要略低于没有天然林全面禁伐的情景，2015—2024 年两者之间的差异只有 1.49%；2025 年以后情景 s2 的需求量逐步超过情景 s1，且两者之间的差异下降到 0.98%。情景 s3 由于禁伐后没有增加人工林的采伐量，导致原木的进口量要高于其他两种情景，进而引发了更低的原木价格和更高的需求。因此，情景 s3 的需求量显著高于其他两种情景。

关键时间节点的原木供给和需求差异性对比分析结果说明，天然林全面商业禁伐减少了原木的供给且原木供给减少量随着时间而下降，而原木的需求量在天然林全面禁伐的影响下略有增加。通过对比天然林禁伐前后 3 种情景，可以判断天然林全面禁伐改变了原木的供需均衡状况，该政策对原木供给和需求影响程度有限。因此，该政策对原木市场的影响是显著的，但这种影响的效果的强度较小。

4.2.2　天然林全面商业禁伐对锯材供需分析

本节在对原木市场分析的基础上，分析原木的下游产品锯材对天然林全面商业禁伐政策的反映。天然林全面商业禁伐对中国锯材市场的影响较为复杂，一方面原木的供给量的下降可能降低国内锯材的影响，另一方面锯材进口对原木进口具有替代效应。因此，研究将从锯材供需两个视角进一步分析天然林全面商业禁伐对木材市场的影响。

4.2.2.1　天然林全面商业禁伐后锯材供给量变化趋势分析

研究利用仿真模型计算了 2015—2030 年中国锯材的供给量在 3 种情境下的变化趋势。彩图 17 分别给出了锯材供给的模拟结果的分布情况。从彩图 17 可以发现，不管是否天然林禁伐，锯材的供给量呈现出增长的趋势，且 3 种情景下均在 2019 年以前增长速度较快，2020—2024 年受到疫情的影响增长趋势放缓并出现了波动，2025 年以后锯材的供给量增速放缓。

2015 年锯材的供给量在 3 种情景下的模拟结果：在没有天然林禁伐的情况下（情景 s1），锯材供给量的模拟均值为 6995.9 万立方米，95%的置信区间为 6341.9 万 ~7171.1 万立方米；天然林禁伐后用人工林替代天然林的采伐限额情况下（情景 s2），锯材供给量的模拟均值为 6828.5 万立方米，95%的置信区间为 6294.0 万 ~7023.6 万立方米；天然林禁伐后不用人工林替代天然林的采伐限额情况下（情景 s3），锯材供给量的模拟均值为 6469.5 万立方米，95%的置信区间为 6041.7 万 ~6729.9 万立方米。2015 年中国实际锯材供给量为 7430.4 万立方米，3 种模拟情景与真实值间的误差比率为 5.8%、8.1% 和 12.9%。情景 s1 的模拟结果与真实值更为接近。结果说明，2015 年锯材的供给量比 2014 年增加了 8.7%，这说明天然林全面商业禁伐政策在此时期并没有影响锯材加工原料的来源。

2016 年锯材的供给量在 3 种情景下的模拟结果：在没有天然林禁伐的情况下（情景 s1），锯材供给量的模拟均值为 7421.5 万立方米，95%的置信区间为 6849.0 万 ~7907.8 万立方米；天然林禁伐后用人工林替代天然林的采伐限额情况下（情景 s2），锯材供给量的模拟均值为 7524.8 万立方米，95%的置信区间为 7132.2 万 ~7893.3 万立方米；天然林禁伐后不用人工林替代天然林的采伐限额情况下（情景 s3），锯材供给量的模拟均值为 7042.0 万立方米，95%的置信区间为 6497.8 万 ~7502.0 万立方米。2016 年中国实际锯材供给量为 7720.0 万立方米，3 种模拟情景与真实值间的误差比率为 3.9%、2.5% 和 8.8%，情景 s2 与真实预测结果更为接近。

2017 年锯材的供给量在 3 种情景下的模拟结果：在没有天然林禁伐的情况下（情景 s1），锯材供给量的模拟均值为 7941.8 万立方米，95%的置信区间为 7382.3 万 ~8348.1 万立方米；天然林禁伐后用人工林替代天然林的采伐限额(情景 s2)情况下,锯材供给量的模拟均值为 7848.8 万立方米,95%的置信区间为 7457.2 万~8152.2 万立方米;天然林禁伐后不用人工林替代天然林的采伐限额(情景 s3)情况下,锯材供给量的模拟均值为 7528.4 万立方米,95%的置信区间为 6989.9 万~7906.8 万立方米。2017 年中国实际锯材供给量为 8600.0 万立方米,3 种模拟情景与真实值间的误差比率为 7.7%、8.7%和 12.5%,情景 s1 与真实预测结果更为接近。

2015—2017 年 3 种模拟情景的对比结果说明,如果没有人工林进行补偿,天然林禁伐在一定程度降低锯材的供给量;在进行人工林补偿时锯材的供给量与没有禁伐的情景较为接近。与真实情况对比可以发现,3 种情况的模拟结果要小于真实供给量,在 3 年间锯材的供给量增加了 1169.6 万立方米,年均增长 8.0%。锯材是原木的初加工品,在 3 年间实际原木供给的需求量平均增加了 883.5 万立方米,年均增长 7.1%。天然林禁伐后并没有减少锯材的供给,实际锯材的供给量还出现了较大幅度的增加;禁伐后并没有因原木供给量的下降导致锯材供给量的下降,反而锯材供给量大幅上升。这可能由于天然林禁伐导致原木供给能力下降,进而导致锯材产生原料中废弃木质材料的数量增加,以替代原木供给的不足。

研究预测了 2020—2030 年中国锯材供给量的变化趋势。2020 年受疫情的影响,情景 s1 的锯材供给量为 9878.4 万立方米(95%置信区间为 9284.4 万~10395.0 万立方米),情景 s2 的锯材供给量为 9300.8 万立方米(95%置信区间为 8849.4 万~9727.6 万立方米),情景 s3 的锯材供给量为 9172.6 万立方米(95%置信区间为 8616.2 万~9654.3 万立方米)。2025 年情景 s1 的供给量为 12016.6 万立方米(95%置信区间为 11182.4 万~12529.2 万立方米),情景 s2 的供给量为 11297.8 万立方米(95%置信区间为 10565.2 万~11960.0 万立方米),情景 s3 的供给量为 9572.4 万立方米(95%置信区间为 8925.8 万~9984.8 万立方米)。2030 年情景 s1 的供给量为 14034.6 万立方米(95%置信区间为 13248.6 万~14777.5 万立方米),情景 s2 的供给量为 13765.1 万立方米(95%置信区间为 13210.0 万~14190.7 万立方米),情景 s3 的供给量为 10576.0 万立方米(95%置信区间为 10016.6 万~11143.5 万立方米)。中国锯材供给量在未来 10 年相对于"十三五"期间增速有所放缓,仍保持着增长的趋势。情景 s1、情景 s2 和情景 s3 预测的未来增长速度为 3.88%、3.76%和 2.14%,情景 s1 的增度最快,未来 10 年原木供给量增长最可能介于 2.14%~3.88%。

4.2.2.2 天然林全面商业禁伐后锯材需求量变化趋势

研究利用仿真模型计算了 2015—2030 年中国锯材的需求量在 3 种情境下

的变化趋势。彩图 18 分别给出了锯材需求量的模拟结果的分布情况。从彩图 18 可以发现，不管是否天然林禁伐，锯材的需求量均呈现出增长的趋势，且 3 种情景下均在 2019 年以前增长速度较快，2020—2024 年受到疫情的影响需求量出现了波动，2025 年后需求量增速放缓。

　　2015 年锯材的需求量在 3 种情景下的模拟结果：在没有天然林禁伐的情况下（情景 s1），需求量的模拟均值为 9912.3 万立方米，95%的置信区间为 9238.9 万~10335.8 万立方米；天然林禁伐后用人工林替代天然林的采伐限额情况下（情景 s2），需求量的模拟均值为 9984.0 万立方米，95%的置信区间为 9495.2 万~10440.2 万立方米；天然林禁伐后不用人工林替代天然林的采伐限额情况下（情景 s3），需求量的模拟均值为 9396.8 万立方米，95%的置信区间为 8830.1 万~9756.9 万立方米。2015 年中国实际锯材需求量为 10092.9 万立方米，3 种模拟情景与真实值间的误差比率为 1.8%、1.1%和 6.9%，情景 s2 的模拟结果与真实值更为接近。

　　2016 年锯材的需求量在 3 种情景下的模拟结果：在没有天然林禁伐的情况下（情景 s1），需求量的模拟均值为 10630.5 万立方米，95%的置信区间为 9938.3 万~11086.2 万立方米；天然林禁伐后用人工林替代天然林的采伐限额情况下（情景 s2），需求量的模拟均值为 10593.4 万立方米，95%的置信区间为 9950.1 万~10957.7 万立方米；天然林禁伐后不用人工林替代天然林的采伐限额情况下（情景 s3），需求量的模拟均值为 10176.3 万立方米，95%的置信区间为 9662.5 万~10463.5 万立方米。2016 年中国实际锯材需求量为 10934.7 万立方米，3 种模拟情景与真实值间的误差比率为 2.8%、3.1%和 6.9%，情景 s1 的模拟结果与真实值更为接近。

　　2017 年锯材的需求量在 3 种情景下的模拟结果：在没有天然林禁伐的情况下（情景 s1），需求量的模拟均值为 12500.9 万立方米，95%的置信区间为 10887.4 万~13110.4 万立方米；天然林禁伐后用人工林替代天然林的采伐限额情况下（情景 s2），需求量的模拟均值为 11953.6 万立方米，95%的置信区间为 10508.3 万~13221.3 万立方米；天然林禁伐后不用人工林替代天然林的采伐限额情况下（情景 s3），需求量的模拟均值为 11115.7 万立方米，95%的置信区间为 10630.8 万~11403.5 万立方米。2016 年中国实际锯材需求量为 12339.2 万立方米，3 种模拟情景与真实值间的误差比率为 1.3%、3.1%和 9.9%，情景 s1 的模拟结果与真实值更为接近。

　　通过对比 3 种情景与真实需求量的差异说明，天然林全面商业禁伐在减少了锯材的供给量，但是实际锯材需求量要略高于模拟的 3 种情景。3 种模拟情景说明，天然林全面商业禁伐导致国内锯材供给量的下降，导致价格上升锯材的需求量下降。随着锯材价格的上升，导致锯材的原料发生变化，废弃木质材料成为锯材的原料并逐渐减弱了天然林全面商业禁伐对锯材需求的影响。锯材真实需求高于模拟结果说明，天然林全面商业禁伐后，由原木引发的价格上升的效应要小于废弃木质材料对原木的替代效应，最终引发了锯材需求量的大幅上涨。

研究预测了 2020—2030 年中国锯材需求量的变化趋势。2020 年受疫情的影响，情景 s1 的需求量为 13003.5 万立方米（95% 置信区间为 12277.6 万 ~ 13589.2 万立方米），情景 s2 的需求量为 13243.9 万立方米（95% 置信区间为 12624.6 万 ~ 13691.6 万立方米），情景 s3 的需求量为 13174.2 万立方米（95% 置信区间为 12443.3 万 ~ 13794.1 万立方米）。2025 年情景 s1 的需求量为 13701.1 万立方米（95% 置信区间为 13071.5 万 ~ 14197.5 万立方米），情景 s2 的需求量为 16091.6 万立方米（95% 置信区间为 15292.8 万 ~ 16684.2 万立方米），情景 s3 的需求量为 16137.7 万立方米（95% 置信区间为 15225.1 万 ~ 16658.5 万立方米）。2030 年情景 s1 的需求量为 16154.2 万立方米（95% 置信区间为 15579.1 万 ~ 16495.5 万立方米），情景 s2 的需求量为 17970.5 万立方米（95% 置信区间为 16968.2 万 ~ 18766.7 万立方米），情景 s3 的需求量为 18501.6 万立方米（95% 置信区间为 17327.3 万 ~ 19143.5 万立方米）。中国锯材需求量在未来 10 年增长速度放缓，且天然林全面商业禁伐对锯材需求的影响逐步显现。情景 s1、情景 s2 和情景 s3 预测的未来增长速度为 1.79%、3.17% 和 3.71%；情景 s3 的增度最快，说明天然林禁伐引发的进口量和废弃木质材料的替代效应的效果将提升需求的增加，进而对原木需求产生了替代效应。未来 10 年锯材供给量增长最可能介于 1.79% ~ 3.71%。

4.2.2.3　天然林全面商业禁伐对锯材供需影响对比分析

由于天然林全面商业禁伐对锯材市场的影响通过了复杂的传导最终作用于锯材的供需变化，通过真实的锯材供需量很难判断该政策对锯材市场的影响。因此，研究通过比较 2015 年、2020 年、2025 年和 2030 年 3 种不同情境下锯材供给量和需求量是否存在由天然林禁伐导致的显著差异以判断政策的影响。

锯材供给量模拟结果的比较说明（彩图 19），天然林禁伐后 3 种不同情景的锯材供给量存在着显著的差异。天然林开始禁伐后，2015 年以后 3 种情景锯材的供给量的差距出现，没有天然林禁伐情景的供给量最高，其次分布为情景 s2 和情景 s3。情景 s1 和情景 s2 的差异到 2020 年逐步增加，从 180.62

万立方米上升到 586.94 万立方米；而情景 s2 和情景 s3 的差距轻微的下降，从 147.28 下降到 124.14 万立方米；2025 年 3 种情景间的差异将继续扩大，情景 s1 和情景 s2 的差异增加到 743.6 万立方米，情景 s2 和情景 s3 的差异也增加到 1440.65 万立方米；到 2030 年情景 s1 和情景 s2 的差异逐步缩小，两者的差异下降到 264.86 万立方米，情景 s2 和情景 s3 的差异将增加到 3195.23 万立方米。该结果说明，天然林禁伐会导致锯材的供给出现先下降再缓慢回升的"U"形变化趋势，且该政策对供给量的影响在 2025 年前后完全显现出来。如果天然林禁伐后不采取稳定市场的政策，那么锯材供给量随着时间的推移而产生与非禁伐情景更大的供给差异。由于研究采用了仿真方式对比天然林禁伐的影响，所以锯材供给量的差异反映了禁伐引发的全部效应。通过与情景 s1 对比可以发现，如果天然林禁伐后利用人工林进行替代，该政策对锯材供给的影响虽然是显著的，但差异性较小；如果天然林禁伐后人工林不进行替代，该政策对锯材供给的影响效果非常显著且差异巨大。根据与真实情况的对比，情景 s2 的模拟结果更接近真实情况，天然林禁伐的效果将在 5~10 年内全部释放出来，此后该政策的影响将逐步减弱。

锯材需求量模拟结果的比较说明（彩图 20），天然林禁伐后 3 种不同情景的锯材需求量存在着显著的差异。天然林禁伐会对锯材需求产生两方面的影响：一方面禁伐后国内原木供给量的下降可能减少锯材的产量，产生原料供给的限制作用；另一方面原木供给的不足，锯材将对原木产生替代效应。如果锯材的需求下降，则说明原料供给的限制作用大于替代效应；反之，则替代效应大于原料供给的限制作用。通过对模拟情景的对比可以发现，天然林禁伐引发导致锯材的需求量增加，随着时间的变化这种差异的效果在 2015—2025 年会越明显，2025—2030 年政策的影响效果将逐步变小。2015 年，情景 s2 与情景 s1 的差异为 50.54 万立方米，情景 s3 与情景 s1 的差异为 -515.16 万立方米；2020 年情景 s2 与情景 s1 的差异为 238.52 万立方米，情景 s3 与情景 s1 的差异为 164.82 万立方米；2025 年情景 s2 与情景 s1 的差异为 2388.17 万立方米，情景 s3 与情景 s1 的差异为 2461.49 万立方米；2030 年情景 s2 与情景 s1 的差异为 1815.13 万立方米，情景 s3 与情景 s1 的差异为 2375.88 万立方米。

天然林全面商业禁伐导致中国锯材供给量在未来 10 年将出现"U"形的变化，锯材的需求量将出现倒"U"形的变化趋势。由于天然林禁伐导致原木供给量下降，将引发国内锯材原料供给不足导致锯材供给量下降；随着森林资源的恢复，国内锯材供给量将在 2025 年以后逐步恢复。而锯材需求量在 2025

年以前受到替代作用大于原料的限制作用导致需求量上升；随着国内原木供给能力的恢复，需求量将逐步减少。因此，受到供需变化趋势的影响锯材的进口量将出现倒"U"形的变化趋势。

4.3
天然林全面商业禁伐对中国木材对外依存度的影响

天然林全面商业禁伐不仅影响了国内原木和锯材的供给状态，而且影响了中国原木和锯材的进口量，进而影响了中国木材的供给安全。研究采用对外依存度衡量原木、锯材和木材的供给安全状态[①]，对外依存度能反映了国内木材的供给能力，对准确反映木材供给安全状况具有重要的参考价值。研究分别计算了原木、锯材和木材总的对外依存度，通过分析对比 3 种模拟情境下的对外依存度，为判断天然林禁伐对中国木材安全的影响提供依据。本节主要包含两部分内容：研究首先利用模拟结果分析了天然林禁伐后木材对外依存度的变化趋势；然后对比了关键时间节点对外依存度的差异。

4.2.4　天然林全面商业禁伐后木材对外依存度的变化趋势

研究利用模拟需求和净进口量的模拟结果计算了原木、锯材和木材的对外依存度（彩图 21）。从变化趋势看，原木的对外依存度在禁伐后出现上升，此后随着森林资源数量的增加出现了缓慢下降的趋势；锯材的对外依存度在不同情景下变化差异性较大；从木材整体的对外依存度看，对外依存度呈现出轻微下降的趋势。

彩图 21 描述了天然林禁伐后原木对外依存度在 3 种情景下的变化趋势。2015 年情景 s1 的对外依存度为 41.8%（95% 的置信区间为 35.2% ~ 46.9%），情景 s2 的对外依存度为 41.4%（95% 的置信区间为 36.2% ~ 46.8%），情景 s3 的对外依存度：46.9%（95% 的置信区间为 42.1% ~ 50.6%）；2016 年情景 s1 的对外依存度为 40.9%（95% 的置信区间为 35.7% ~ 45.5%），情景 s2 的对外依存度为 41.8%（95% 的置信区间为 36.5% ~ 46.5%），情景 s3 的对外依存度为 46.6%（95% 的置信区间为 41.5% ~ 51.3%）；2017 年情景 s1 的对外依存度为 41.5%（95% 的置信区间为 36.6% ~ 46.4%），情景 s2 的对外依存度为

---

① 对外依存度=净进口量/消费量，净进口量=进口量−出口量；木材对外依存度=（原木净进口量+锯材净进口量）/（原木产量+原木净进口量+锯材净进口量）。

41.7%（95%的置信区间为 36.2%～47.1%）；情景 s3 的对外依存度为 46.9%
（95%的置信区间为 42.2%～51.2%）。2015—2017 年原木对外依存度的真实
值为 40.64%、39.72%和 39.69%，3 年的平均误差分别为 3.45%、3.70%和
7.31%。模拟结果中情景 s1 和情景 s2 与真实情况更为接近，该结果说明天然
林禁伐后人工林的替代效应减弱了政策的影响，缓解了原木的供需矛盾。预
测结果显示，2020 年情景 s1 的原木的对外依存度的中位数为 38.8%（95%的
置信区间 33.1%～44.5%），情景 s2 的对外依存度的中位数为 37.8%（95%
的置信区间 32.3%～42.2%），情景 s3 的对外依存度的中位数为 42.6%
（95%的置信区间 37.6%～47.0%）；2025 年情景 s1 的原木的对外依存度的
中位数为 32.6%（95%的置信区间 27.0%～37.0%），情景 s2 的对外依存度
的中位数为 34.5%（95%的置信区间 28.5%～39.4%），情景 s3 的对外依存
度的中位数为 40.2%（95%的置信区间 35.3%～45.0%）；2030 年情景 s1 的
原木的对外依存度的中位数为 27.9%（95%的置信区间 20.9%～34.1%），情
景 s2 的对外依存度的中位数 28.5%（95%的置信区间 21.8%～34.5%），
情景 s3 的对外依存度的中位数为 37.2%（95%的置信区间 31.8%～42.7%）。
预测结果显示，3 种情景下原木的对外依存度均有不同程度的下降，2020—
2030 年对外依存的变化率分别为−3.20%、−3.13%和−1.68%，情景 s3 的对
外依存度下降的速度最慢，情景 s1 的下降速度最快。结果说明：中国对森林
资源的保护使森林资源得到恢复、提升了中国原木供给潜力，导致原木对外
依存度出现了缓慢下降的趋势；依存度下降的趋势受到天然林全面禁伐政策
和相关配套政策的影响，如果不实施天然林禁伐对外依存度下降的速度最快，
如果禁伐后不用人工林替代天然林的采伐限额对外依存度下降的速度最慢，
而禁伐后利用人工林替代天然林的限额对外依存度介于前两者之间。

　　彩图 22 描述了天然林禁伐后锯材对外依存度在 3 种情景下的变化趋势。
2015 年情景 s1 的对外依存度为 31.4%（95%的置信区间为 24.3%～38.1%），
情景 s2 的对外依存度为 33.6%（95%的置信区间为 27.9%～38.9%），情景 s3
的对外依存度为 31.1%（95%的置信区间为 25.1%～33.7%）；2016 年情景 s1
的对外依存度为 30.1%（95%的置信区间为 21.3%～37.7%），情景 s2 的对外
依存度为 28.9%（95%的置信区间为 22.1%～34.2%），情景 s3 的对外依存度
为 30.8%（95%的置信区间为 22.9%～37.6%）；2017 年情景 s1 的对外依存度
为 30.9%（95%的置信区间为 24.7%～38.6%），情景 s2 的对外依存度为
28.3%（95%的置信区间为 23.4%～33.4%）；情景 s3 的对外依存度为 32.3%
（95%的置信区间为 25.9%～37.9%）。2015—2017 年锯材对外依存的真实值

为 26.4%、29.4% 和 30.3%，3 年的平均误差分别为 7.86%、6.40% 和 9.69%。天然林全面商业林禁伐后对锯材的影响一方面从供给方面降低了供给量，另一方面从需求的方面产生了替代效应。2015 年的对外依存度受到天然林禁伐政策的影响，导致价格上升、需求下降进而引发了真实的对外依存度相比 2014 年降低了 1.91%，导致情景 s2 更好地描述了这种变化；2016 年锯材的对外依存度比 2015 年上升了 3.02%，2017 又出现了大幅度的回落，所以模拟结果中情景 s2 与真实情况更为接近。预测结果显示，2020 年情景 s1 的锯材的对外依存度的中位数为 24.0%（95% 的置信区间为 15.7%~30.7%），情景 s2 的对外依存度的中位数为 29.8%（95% 的置信区间为 23.9%~34.8%），情景 s3 的对外依存度的中位数为 30.3%（95% 的置信区间为 23.1%~36.3%）；2025 年情景 s1 的原木的对外依存度的中位数为 12.3%（95% 的置信区间为 4.8%~19.9%），情景 s2 的对外依存度的中位数为 29.8%（95% 的置信区间为 22.1%~35.9%），情景 s3 的对外依存度的中位数为 40.7%（95% 的置信区间为 35.4~46.1%）；2030 年情景 s1 的锯材的对外依存度的中位数为 13.1%（95% 的置信区间为 6.1%~19.2%），情景 s2 的对外依存度的中位数为 23.4%（95% 的置信区间为 17.3%~29.4%），情景 s3 的对外依存度的中位数为 42.8%（95% 的置信区间为 36.2%~47.4%）。预测结果显示，3 种情景下锯材的对外依存度均有不同程度的下降，2020—2030 年对外依存的变化率分别为 −3.80%、−1.11% 和 2.99%。情景 s1 和情景 s2 的对外依存度呈现出下降的趋势，而情景 s3 的对外依存呈现出上升的趋势。由于人工林替代了天然林的采伐限额使得情景 s1 和情景 s2 原木供给量较为相似，所以随着森林资源的恢复、原木供给能力的提升最终通过市场影响锯材市场导致对外依存度缓慢的下降；但天然林禁伐政策对外依存度的影响程度由人工林对天然林采伐限额的替代程度决定。情景 s3 由于实行了更严格地保护措施导致天然林禁伐后人工林的采伐量也没有上升引发原木供给量的大幅下降，进而引发了锯材供给量的下降，同时锯材对原木替代效应提升了锯材的需求，在两种效应作用下最终导致对外依存度的上升。预测结果说明，未来 10 年中国锯材对外依存情况将介于情景 s2 和情景 s3 间，对外依存度的变化主要由人工林在木材供给发挥的作用决定。

研究利用锯材与原木的折算率计算了原木和锯材总量的对外依存度，即木材对外依存度。木材对外依存度描述了木材加工产业对国际市场的依赖程度，反映了产业原料的安全状况。彩图 23 描述了天然林禁伐后木材对外依存度在 3 种情景下的变化趋势。2015 年情景 s1 的对外依存度为 41.8%（95% 的置信区间为 35.2%~46.9%)，情景 s2 的对外依存度为 41.4%(95%的置信区间为 36.2%~46.8%)，情景 s3 的对外依存度为 46.9%(95%的置信区间为42.1%~50.6%)；2016 年情景 s1 的对外依存度为 40.9%(95%的置信区间为35.7%~45.5%)，情景 s2 的对外依存度为 41.8%(95%的置信区间为 36.5%~46.5%)，情景 s3 的对外依存度为 46.6%(95%的置信区间为 41.5%~51.3%)；2017 年情景 s1 的对外依存度为 41.5%(95%的置信区间为 36.6%~46.4%)，情景 s2 的对外依存度为 41.7%(95%的置信区间为 36.2%~47.1%)；情景 s3 的对外依存度为 46.9%(95%的置信区间为 42.2%~51.2%)。2015—2017 年锯材对外依存的真实值为 43.8%、44.5%和 45.3%，3 年的平均误差分别为 7.03%、1.18%和 12.43%，情景 s2 与真实值更为接近。预测结果显示，2020 年情景 s1 的锯材的对外依存度的中位数为 38.8%(95%的置信区间为 33.1%~44.5%)，情景 s2 的对外依存度的中位数为 37.8%(95%的置信区间为 32.3%~42.2%)，情景 s3 的对外依存度的中位数为 42.6%(95%的置信区间为 37.6%~47.0%)；2025 年情景 s1 的原木的对外依存度的中位数为 12.3%(95%的置信区间为 4.8%~19.9%)，情景 s2 的对外依存度的中位数为 29.8%(95%的置信区间为 22.1%~35.9%)，情景 s3 的对外依存度的中位数为 40.2%(95%的置信区间为 35.3%~45.0%)；2030 年情景 s1 的原木的对外依存度的中位数为 27.9%(95%的置信区间为 20.9%~34.1%)，情景 s2 的对外依存度的中位数为 28.5%(95%的置信区间为 21.8%~34.5%)，情景 s3 的对外依存度的中位数为 37.2%(95%的置信区间为 31.8%~42.7%)。预测结果显示，3 种情景下锯材的对外依存度均有不同程度的下降，2020—2030 年对外依存的变化率分别为-3.20%、-3.13%和-1.58%。

木材对外依存度的预测结果说明，木材对外依存呈现出下降的趋势且下降的幅度由天然林禁伐后人工林的采伐限额决定，未来 10 年中国木材供给安全状况整体好转。"十四五"期间中国木材的对外依存度均值仍将高达 36.5%~41.4%；"十五五"期间对外依存度的均值为 31.8%~38.6%，相比"十四五"平均下降了约 4.2%，所以中国的木材安全状况有所提升。天然林全面商业禁伐在一定程度影响了中国木材安全状态，且该政策的效果随着时间的变化将更为明显，这主要由禁伐后人工林对天然林采伐限额的替代程度决定。如果人工林的木材供给能力不足，将进一步导致木材供给安全状况的恶化；如果人工林的木材能力能完全替代天然林的限额，那么中国的木材供给安全状况将有所缓解。

4.2.4 天然林全面商业禁伐对木材对外依存度的影响对比分析

为了判断天然林全面商业禁伐对中国木材安全状况的影响，研究分别对比了 3 种情景木材对外依存度的影响程度并检验了 3 个情景差异的显著性。

原木对外依存度对比结果说明（彩图 24），3 种情景的对外依存度存在显著的差异。2015 年没有天然林禁伐的情景 s1 对外依存度与天然林禁伐后用人工林替代的情景 s2 间的差异非常小，情景 s2 比情景 s1 略小于 0.45%；天然林禁伐后不用人工林替代的情景 s3 对外依存度为 46.92% 要高于其他两个情景；2020 年以后情景 s1 和情景 s2 的差异增加到 1.02%，情景 s3 与其他两个情景间的差异变小；2025 年情景 s2 对外依存度显著高于情景 s1 的对外依存度 1.82%，而情景 s3 与其他两种情景间的差异平均扩大到 6.58%；2030 年情景 s1 和情景 s2 间的差异又缩小到 0.49%，情景 s3 与其他两个情景上升到 9.02%。

原木对外依存度对比结果说明，如果禁伐后用人工林替代天然林的采伐限额，那么原木的对外依存度在短期内并不会显著上升而是出现了轻微的下降，而该政策的效果将在 5 年后显现，导致对外依存度的小幅上升，到 2030 年政策的影响效果将逐步减弱。用人工林替代天然林的采伐限额将导致国内价格出现上升导致需求出现小幅下降，进而引发了在天然林禁伐政策实施后 5 年内对外依存度出现了下降。此后，由于人工林的供给能力不足导致天然林对外依存度将逐步上升；2025 年后，随着森林资源的增加，天然林禁伐对原木对外依存度的影响程度逐步缩小。

锯材对外依存度对比结果说明（彩图 25），天然林禁伐对锯材影响的差异是显著的，且天然林禁伐会导致对外依存度的上升。2015 年情景 s2 的对外依存度显著高于其他两种情况，其次是情景 s1，最低的是情景 s3；2020 年情景 s3 的对外依存度要高于其他两种情景，而情景 s1 的对外依存度最低；2025—2030 年各情景间的差异逐步增加，其中情景 s3 的对外依存度最高，情景 s1 的对外依存度最低。总之，天然林禁伐对锯材的影响在短期内程度较低，而该政策在长期将会提升锯材的对外依存度，且影响的程度由人工林对天然林采伐限额的替代程度决定。

锯材对外依存度的变化受到原木替代消耗和资源供给双重效应的影响，在短期原木和锯材的替代效应影响了锯材对外依存度的变化，在长期资源供给不足影响了锯材对外依存度的变化。从短期（1~5 年）看，天然林禁伐引发的替代效应要略高于资源供给不足的影响。如果不用人工林替代天然林的采伐限额，那么原木的进口量大幅上升，导致锯材的对外依存度降低，出现情景 s3 的情况；如果用人工林替代天然林的采伐限额，那么原木进口量较低、国内供给量增加导致原木价格上升，进而导致锯材的进口量上升、对外依存度增加，出现 2015 年情景 s2 的情况。从长期(5~10 年)看，天然林全面商业禁伐引发的木材资源供给不足的效果将逐步显现，导致情景 s2、情景 s3 与情景 s1 间的差距增加。

研究还分析了天然林禁伐对木材整体①对外依存度的影响(彩图 26)，天然林禁伐后木材的对外依存度产生显著的变化。2015—2020 年情景 s3 的对外依存度最高，情景 s2 略低于情景 s1；2021—2030 年情景对依存度从高到低依次为情景 s3、情景 s2 和情景 s1。模拟结果对比可以发现，天然林全面禁伐对木材安全的影响是由原木和锯材的进口状况决定，所以木材对外依存度的变化形成的原因是原木和锯材共同作用的结果。该政策的影响在短期内对情景 s2 的影响程度较低，甚至导致对外依存度小幅下降；长期均会引发对外依存度显著高于没有天然林禁伐的情景，并且在 2025 年后该政策的影响效果将逐步减弱。天然林禁伐对木材安全的影响程度应介于情景 s1 和情景 s3 之间，政策对木材安全影响程度由人工林的供给能力决定。如果人工林能弥补天然林禁伐产生的供给缺口，那么该政策对木材安全的影响效果就低，反之则影响程度则高。根据 2015—2019 年的实际数据看，天然林禁伐对木材安全的影响更接近情景 s2。在短期内影响程度较低，到 2025 年左右影响程度达到峰值，2030 年影响程度减弱与没有天然林情况的情景基本一致。

4.4
天然林全面商业禁伐对木材价格的影响

4.4.1　研究假设构建

中国天然林全面商业禁伐政策会沿着木材加工产业链和国内外市场传导产生复杂的因果效应(Zhang and Chen, 2021)。综合已有研究(Dai *et al.*, 2018；Hua *et al.*, 2018；Zhang and Chen, 2021)观点，可以判断出该政策将包括以下影响：天然林全面商业禁伐有效保护了中国森林资源，同时引发了中国木材供给的下降以及对外依存度的上升。图 4-2 描述了已有研究关于天然林全面商业禁伐政策的影响。天然林全面商业禁伐将直接减少天然林的采伐量，

---

① 研究利用 FAO 锯材和原木的折算系数(1.3)计算了锯材的原木消耗量。

导致中国木材的供给完全依靠人工林供给。这将导致中国木材供给下降，表现为中国国内木材供给曲线左移，进而导致原有国内原木市场供需平衡打破，最主要的表现为国内原木价格上升。由于中国是世界最主要的木材进口国，其木材进口量占世界原木贸易总量的42%（FAO，2021），所以中国国内原木供给量的下降必将引发进口量的上升，导致国际需求曲线右移，表现为国际市场价格的上升。中国天然林全面商业禁伐政策产生的因果效应最明显的两个特征为国内和进口木材价格的上升。

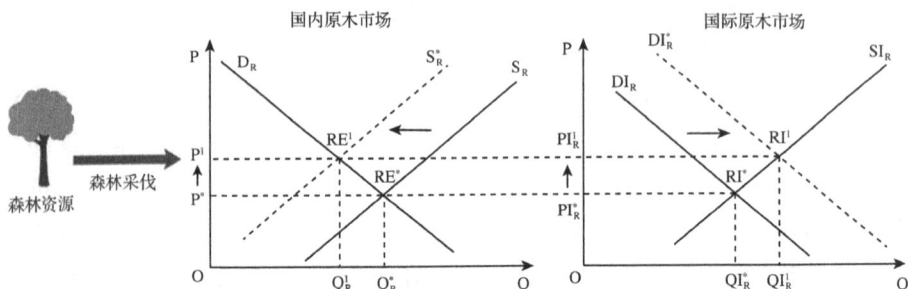

图4-2　天然林禁伐对原木市场的影响

因此，原木价格的变化可以有效描述天然林全面商业禁伐的影响。价格是反映市场变化的有效信息。已有研究认为，在控制了其他影响因素条件下，如果没有政策的影响，那么就可以根据价格历史变化特征对价格进行较准确的预测；反之，政策就会影响真实价格的变化，就不能准确预测价格的变化，那么政策对价格的影响效果就可以用真实值与预测值差异表示，两者间的差异越大，政策的影响强度也越大。根据该思想，通过检验中国国内和进口原木价格是否存在反预期的变化，就可以判断天然林全面商业禁伐的实际效果。

根据已有研究关于天然林全面商业禁伐政策的影响，研究假设：①天然林全面商业禁伐政策会减少国内木材供给，导致国内木材价格上升。②天然林全面商业禁伐政策在影响国内市场的基础上还会引发进口依存度上升，导致国际市场需求量增加，国际市场价格上升进而引发原木进口价格上升。如果原木国内和进口价格数据支撑以上两个假设成立，那么天然林全面商业禁伐政策就会导致中国对木材需求的增加，进而对世界森林资源产生负面的影响；反之，则该政策不会加速森林资源的毁坏。

4.4.2　研究方法与数据

合成控制法（synthetic controls）被广泛地应用于政策的因果效应分析，相对于双重差分（difference-in-difference）具有更灵活的特性。合成控制法可以通过组合多个控制组的数据以推断政策对处理组的影响效果，该方法要求控制组数据不受处理组的直接影响（O'Neill *et al.*，2016）。该方法被成功应用于政策效果的分析（Abadie *et al.*，2015；Gobillon and Magnac，2016；Ben-Michael *et al.*，2018）。然而，该方法假设处理组和控制组的效果不存在相互的影响关系（Cox，1958），在应用过程中存在很多违反该假设的案例（Tchetgenand Vander Weele，2012；Basse *et al.*，2019）。例如，两种相互替代的产品，如果一种产品价格下降必然影响另一种产品（Nicholson and Snyder，2012）。Menchetti 和 Bojinov（2021）在合成控制法的分析框架基础上，引入了局部干涉（partial interference setting；Sobel，2006）的设置，并允许处理组与控制组间存在溢出效应（Bojinov *et al.*，2020）。同时，Menchetti 和 Bojinov（2021）的方法放宽了 Cao 和 Dowd（2019）和 Grossi 等（2020）研究关于干涉传导线性的限制。因此，政策引发的因果效应被定义为，处理组受到政策的影响程度，以及通过溢出对控制组的影响程度。

天然林全面商业禁伐政策对中国国内和国际木材市场具有较强的溢出效应，因此采用 Menchetti 和 Bojinov（2021）的方法估计政策的效果。天然林全面商业禁伐会影响国内木材市场，导致木材市场价格上升，产生了政策最直接的效果；同时，该政策又通过国际贸易的方式影响国际市场。这违背了合成控制法的假设，所以研究采用了该种扩展的方法。Menchetti 和 Bojinov（2021）的方法采用 Brodersen 等（2015）和 Papadogeorgou 等（2018）的多元贝叶斯模型（multivariate Bayesian structural time series models）的形式（公式4-1）。其中，Y_t 为 $[\text{RWDt}, \text{RWIt}]_{n \times 2}$ 的价格矩阵，RWD 为国内原木价格，RWI 为进口原木价格，t 为时间，n 为时间序列的长度，T 为时间序列的趋势（trend），S 为季节性周期（seasonal component），X_t 其他不受 Y_t 影响的预测因子，β 为影响因子的系数矩阵，ε_t，η_t，T_t，η_t，S_t 为方程的随机误差项。

$$Y_t = T_t + S_t + X_t \cdot \beta + \varepsilon_t \qquad \varepsilon_t \sim N_d(0, H_t \textstyle\sum)$$

$$T_t = T_{t-1} + \eta_{t-1, T} \qquad \eta_t \sim N(0, c_1 \textstyle\sum)$$

$$S_t = -\sum_{j=0}^{j-1} S_{t-j} + \eta_{t-1, s} \qquad \eta_{t, s} \sim N(0, c_2 \textstyle\sum) \qquad (4\text{-}1)$$

研究选取了 2014 年 8 月 5 日至 2018 年 12 月 25 日的中国原木国内价格指数（RWD）和进口价格指数（RWI）作为衡量原木市场变化指标，该数据来源于 Wind（2021）数据库。中国 2014—2018 年原木进口量占世界贸易总量的比例的均值为 39.96%（FAO，2021），在国际市场有着重要的影响力。中国的原木进口价格一方面受到国内价格的影响，另一方面还反映了国际市场的变化趋势。因此研究采用进口价格指数衡量国际市场的影响。图 4-3 描述了 RWD 和 RWI 的变化特征，可以发现在 2015 年两个序列出现了价格上升；2016 年 RWD 变化趋势较为平稳，而 RWI 出现了小幅度的下降；2017 年 RWD 出现了轻微的上涨，RWI 出现了先下降后上升的过程。从价格变化率看价格在 2015 年变化幅度最大；2016 年 RWD 变化幅度较大，RWI 相对平稳；2017 年两个序列变化幅度较小。

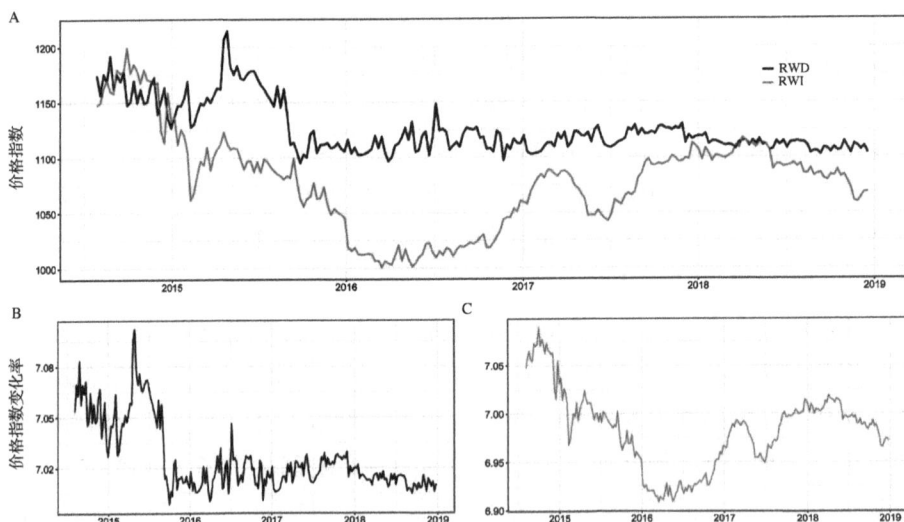

图 4-3　国内原木和进口原木价格变化趋势

数据来源：Wind 数据库，2021。

由于 MBSTS 模型可以加入动态趋势变化和季节性周期因果以提升政策效果的准确性，所以研究需要判断价格指数序列是否存在动态趋势和季节性周期变化。研究采用了 Verbesselt 等（2010）的 BFAST（additive seasonal and trend model）提取价格序列的动态趋势变化[彩图 27（A）和（B）]，采用 Aguiar-Con-raria 和 Soares（2011）连续小波变换（the continuous wavelet transform）的方法提取价格序列周期的动态变化[彩图 27（C）和（D）]。研究在分析过程中采用了价格指数的对数形式进行动态趋势的识别，彩图 27（A）和（B）分别描述了 RWD 和 RWI 趋势的变化。动态趋势识别结果显示，RWD 和 RWI 在天然林全面禁伐陆续实施的 2015—2017 年均发生了趋势的改变。彩图 27（C）和（D）分别描述了 RWD 和 RWI 的周期变化特征，RWD 在 2017 年周期较为显著，存在时间跨度为 3 个月和 9 个月的季节性周期；在 2017 年以后周期显著性下降；

RWI 在 2016 年以前周期较为明显，2016 年后周期显著性下降。因此，在 MB-STS 模型中需加入动态变化趋势；同时，在 2015 年和 2016 年两个阶段加入周期为 9 个月的季节周期项，在 2017 年则在模型中不加入周期项。

表 4-1　国内原木价格和进口原木价格最优预测因子匹配结果

Time		RWD			RWI		
		最优控制变量	相对距离	相关系数	最优控制变量	相对距离	相关系数
Stage Ⅰ	RWI	0.0026	0.1770	RWD	0.0026	0.1770
	PAB	0.0185	−0.6208	PAB	0.0198	−0.3943
	PLW	0.0251	0.5480	PLW	0.0237	0.3711
	MDF	0.0401	0.1668	MDF	0.0414	0.2874
	MSI	0.6883	0.6598	MSI	0.6893	0.4510
	PMI	0.8652	0.5277	PMI	0.8661	0.4866
Stage Ⅱ	PAB	0.0087	0.7191	PAB	0.0046	0.4588
	RWI	0.0128	0.7417	RWD	0.0129	0.7417
	PLW	0.0239	0.0047	PLW	0.0154	0.3105
	MDF	0.0414	0.4156	MDF	0.0273	0.2223
	MSI	0.7008	0.4847	MSI	0.6914	0.6279
	PMI	0.8799	0.8102	PMI	0.8718	0.6700
Stage Ⅲ	PAB	0.0018	0.1153	PLW	0.0077	0.1090
	PLW	0.0154	−0.0270	MDF	0.0106	0.2491
	RWI	0.0242	−0.0199	PAB	0.0236	0.3886
	MDF	0.0354	0.2878	RWD	0.0245	−0.0199
	MSI	0.7006	−0.3402	MSI	0.6844	0.2176
	PMI	0.8740	0.0387	PMI	0.8599	0.7606

注：研究利用序列的对数形式计算的 relative distance and correlation。

研究还需要在 MBSTS 模型加入对 RWD 和 RWI 具有较强预测能力，且符合模型假设 3 的预测变量。研究选取了中国胶合板价格指数（PLB）、中纤板价格指数（MDF）、刨花板价格指数（PAB）、采购经理人指数（PMI）和宏观经济景气指数（MSI）作为备选的影响因子[①]。研究利用 DTW（dynamic time warping）的方法筛选 MBSTS 模型的预测因子（Bernstein *et al.*，2002），表 4-1 给出了 RWD 和 RWI 与其他变量的相对距离（relative distance）和相关系数（correlation）。相对距离越小说明两个序列的变化特征越相似，则预测能力越好。其中，RWD 和 RWI 两者间的相对距离较小，说明中国国内原木市场与国际市场

---

① PLB, MDF, PAB and MSI 的数据来源于 Wind 数据库（2021），PMI 来源于中国物流信息中心（China Logistics Information Center, 2021）http：//www. clic. org. cn/pmi/index. jhtml.

有着密切的关系。PAB、PLW、MDF 与 RWD、RWI 均具有较小的相对距离，这 3 种产品的价格对 RWD 和 RWI 具有较好的预测结果。然而，这 3 种产品以原木为原料，原木价格的变化可能会对其产生影响，导致违背假设 3。PMI 和 MSI 的相对距离相对较大，但这两个变量不受 RWD 和 RWI 的影响。因此，研究选择 PMI 和 MSI 作为模型的预测因子。

4.4.3　实证分析结果

研究分别计算了在天然林全面商业禁伐实施的 3 个阶段的 MBSTS 模型，并对模型的拟合效应进行检验，估计了天然林全面商业禁伐的影响。研究按照天然林实施的 3 个阶段分别估计模型：Stage Ⅰ 是内蒙古和吉林在 2015 年 4 月 1 日开始实施禁伐，样本范围为 2014 年 8 月 5 日至 2015 年 12 月 31 日；Stage Ⅱ 是河北、福建、江西、湖北、湖南、广西和云南在 2016 年 1 月 1 日开始实施禁伐，样本范围为 2015 年 1 月 1 日至 2016 年 12 月 31 日；Stage Ⅲ 是中国大陆地区剩余 21 个省份在 2017 年 3 月 15 日开始实施禁伐，样本范围为 2016 年 1 月 1 日至 2017 年 12 月 31 日。研究在估计模型是利用每个阶段政策实施前的数据估计 MBSTS 模型，利用模型的估计结果预测政策实施后价格指数的变化，通过真实值与预测值的对比就可以估计出政策对价格影响的效果。研究采用了 R 语言中 Causal MBSTS 程序包计算了该模型。为了评估天然林禁伐政策的影响，研究把政策评价分为两个水平（Horizon）：政策实施日期至上半年，政策实施后的下半年（7 月 1 日至 12 月 31 日）。这样政策实施的 Stage Ⅰ 和 Stage Ⅲ 的第一水平只有约 3 个月时间跨度，而 Stage Ⅱ 的第一水平有 6 个月的时间跨度。

MBSTS 模型在天然林禁伐政策实施前较好地拟合了价格指数（彩图 28），为了估计政策的因果效应提供了基础。MBSTS 模型在 3 个阶段政策实施前均准确地预测了 RWD 和 RWI 的变化。从彩图 28 可以发现，模型在 2015 年 4 月 1 日、2016 年 1 月 1 日和 2017 年 3 月 15 日 3 个阶段政策实施前，不仅准确描述了 RWD 和 RWI 的变化趋势，还描述了序列的季节性周期变化。研究还对 MBSTS 模型进行了后验预测检验（posterior predictive checks）（附图 1）。后验预测检验结果显示，RWD 和 RWI 的后验预测的均值与真实值的核密度曲线几乎完全重合；extreme p-values 说明模型出现了极端值（extreme p-values indicate that the model produces extreme observations）；MBSTS 模型的标准化的残差 QQ 图说明标准化的残差接近正态分布；残差的序列相关图显示模型在 3 个阶段的序列相关性并不是十分显著。研究还通过观测值和趋势扰动项协方差矩阵

(the variance-covariance matrices of the observation and trend disturbances)检验了马尔可夫链的收敛性(the convergence of the Markov chain)。结果显示,观测扰动的方差——协方差矩阵和趋势扰动的方差——协方差矩阵均是收敛的(附图2)。因此,MBSTS 模型的估计结果符合政策因果效应推断的要求。

天然林全面商业禁伐政策的影响效果与假设基本一致,该政策会引发 RWD 和 RWI 的价格上升,但政策影响的显著性水平较低(表4-2)。2015 年 4 月 1 日内蒙古和吉林开始实施禁伐导致 RWD 价格在政策实施的前 3 个月(2015 年 4 月 1 日至 7 月 1 日)平均上升了 0.0212,累计上升了 0.2751,且该效应在 10% 的水平显著;该政策在 2015 年 2 月 1 日至 12 月 31 日期间对 RWD 的影响是不显著。天然林全面商业禁伐政策对 RWI 的影响均不显著。天然林全面商业禁伐政策在 2016 年 1 月 1 日开始在河北、福建、江西、湖北、湖南、广西和云南实施引发的影响均不显著。2017 年 3 月 15 日该政策进入实施的第三阶段,大陆地区剩余 21 个省市开始实施该政策。其中,RWD 在政策实施的整个阶段均出现了正向的影响效应,且该效应均在 10% 的水平显著;而 RWI 在上半年出现了负向的显著效应,而 2017 年 7 月 1 日至 12 月 31 日的影响是不显著的。

表4-2 天然林全面商业禁伐对国内和进口原木价格的因果效应

时间	时期 效应	I			II		
		平均效应	累计效应	P 值(%)	平均效应	累计效应	P 值(%)
阶段 I	RWD	0.0212 (−0.0079, 0.0454)	0.2751 (−0.1032, 0.5905)	94.108*	−0.0108 (−0.0537, 0.0273)	−0.4205 (−2.0947, 1.0649)	73.593
	RWI	0.0109 (−0.045, 0.0695)	0.1422 (−0.5846, 0.9030)	65.913	−0.0081 (−0.0984, 0.0833)	−0.3168 (−3.8365, 3.2469)	56.812
阶段 II	RWD	0.0139 (−0.0477, 0.0765)	0.3605 (−1.239, 1.9880)	67.754	0.0166 (−0.069, 0.1034)	0.8640 (−3.5885, 5.3773)	65.650
	RWI	−0.0278 (−0.1126, 0.0599)	−0.9303 (−2.4929, 0.6825)	88.269	−0.0278 (−0.1126, 0.0599)	−1.4479 (−5.8544, 3.1161)	74.645
阶段 III	RWD	0.0072 (−0.0031, 0.0183)	0.1086 (−0.0468, 0.2744)	91.426*	0.0095 (−0.0035, 0.0223)	0.3886 (−0.143, 0.9152)	92.846*
	RWI	−0.0196 (−0.0423, 0.0054)	−0.2940 (−0.6349, 0.0810)	92.846*	−0.0056 (−0.0451, 0.0306)	−0.2384 (−1.7489, 1.2824)	62.441

注:括号为95%的置信区间;* 为10%显著水平显著;* * 为5%水平显著。Horizon I:Stage I 为4~6;Stage II 为1~6;Stage III 为3~6;Horizon II 为7~12。

时变的因果效应(the pointwise causal effected)描述了天然林禁伐对 RWD 和 RWI 的动态影响。该结果说明,天然林全面商业禁伐政策导致了 RWD 的上升，但整体效果的显著性水平并不高，政府引发的 RWD 变化在 0 附近。政策实施的第一阶段，RWD 在 2015 年 4 月 1 日至 7 月 1 日出现了一个较明显的上升，在 2015 年 7 月 1 日至 12 月 31 日逐步下降且置信区间包含了 0；第二阶段，政策在 2016 年 1 月 1 日至 12 月 31 日期间对 RWD 产生了正向的影响，但政策产生的影响是不显著的；在第三阶段，该政策在 2017 年 3 月 15 日至 12 月 31 日对 RWD 产生了正向的影响，且该影响远离 0，具有较为显著的影响。天然林全面商业禁伐政策对 RWI 的影响在 0 附近波动，且显著程度较低。在第一阶段，政策对 RWI 产生的影响在 2015 年 7 月 1 日前产生了一个较小的正向效应，此后由正转负在接近 0 的下方波动；第二阶段，政策引发的效果均值小于 0；第三阶段，政策引发的效果由负逐步转正。总之，从天然林引发的 RWD 和 RWI 的逐点因果效应（the pointwise causal effected）在短期内存在部分显著的影响，但从整个过程看该政策的影响显著程度较低。

天然林全面商业禁伐政策没有显著加剧国内木材供需矛盾，引发原木对外依存度的大幅上升。已有研究（Zhang and Chen，2021）认为，中国前所未有的天然林保护政策会引发国内木材供需矛盾的加剧，进而导致进口量和对外依存度的上升。本研究实证分析的结果与该观点不同，天然林全面商业禁伐政策没有对国内外原木市场产生显著的影响。天然林全面商业禁伐政策的确引发了国内原木价格的上升（表 4-2），但政策引发的价格上升效应的置信区间围绕 0 波动（图 4-6），说明该因果效应的显著程度较低；同时该政策并没有对进口原木价格产生显著的正向效应。从实际情况看，中国 2013—2018 年的原木产量分别为 8439 万立方米、8233 万立方米、7200 万立方米、7776 万立方米、8398 万立方米和 8811 万立方米。在政策实施的第一阶段（2015 年），原木产量下降幅度最大，达到了 1033 万立方米；政策对国内原木价格的影响在 2015 年上半年显著，但下半年影响的显著性下降，而对进口价格没有产生显著的影响。在政策实施的第二阶段（2016 年），国内原木的产量没有下降，比 2015 年增加了 576 万立方米，政策对国内价格和进口价格的影响均是不显著的。在政策实施的第三阶段（2017 年），国内原木的产量已经恢复到与政策实施前一致的水平，政府对国内市场产生了一个较为显著、但影响效果较小的影响；而对进口价格的影响是不显著的。中国原木进口量变化率在 2015—2017 年分别为 −3.73%、3.93% 和 7.87%（中国林业统计年鉴，2020；FAO，2021），天然林禁伐政策实施的第一阶段原木进口量下降，在政策实施的第三阶段原木产量比 2016 年上升了约 8.00%，但进口量也上升了 7.87%。这说明，天然林禁伐后没有出现已有研究的结论——国内原木大幅下降，进口量大幅上升。中国原木对外依存度的上升，更可能是由于需求的上升引发的，而不是天然林禁伐产生的因果效应。

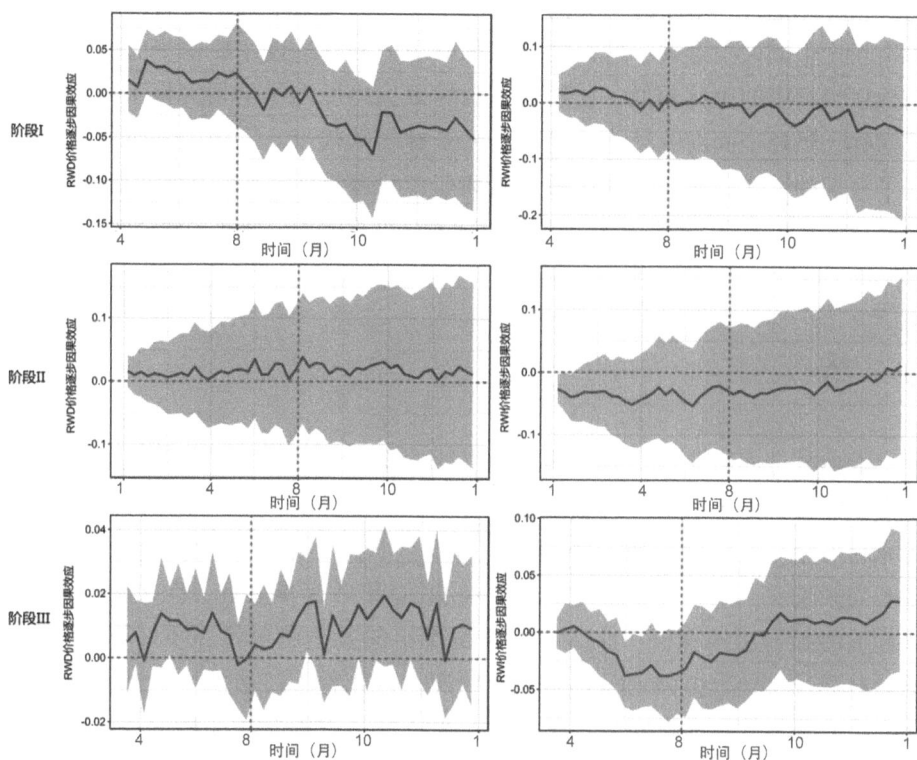

图4-4 禁伐政策对国内和进口原木价格影响的因果效应

中国天然林全面商业禁伐政策并不会通过木材贸易对世界森林资源产生破坏。实证分析结果说明，天然林全面商业禁伐对国内原木的价格影响是显著程度较低的正向影响，对进口价格的影响不显著异于零。这说明，虽然中国是世界最大的原木进口国，但中国的森林保护政策不会造成在保护自身森林资源的情况下，加速其他国家的森林资源的破坏。这主要由于在禁伐前天然林在中国木材的供给比例已经显著下降；天然林全面商业禁伐后中国增加了人工林的采伐量，并没有出现国内供给大幅下降的情况。因此，天然林全面商业禁伐政策不会通过国际贸易的方式影响世界森林资源。

研究基于国内和进口原木价格分析了天然林全面商业禁伐对国内和国际原木市场的变化，并以此判断该政策是否通过贸易影响世界森林资源。实证分析结果显示，天然林全面商业禁伐并没有引发国内原木价格的大幅上升，该政策对国内市场的影响程度是有限、显著程度较低的。同时，该政策也没有通过贸易影响国际原木市场导致中国进口原木价格的显著上升。因此，天然林全面商业禁伐政策没有导致国内原木供给量下降、国内供需贸易加剧、对外依存度上升。基于此，天然林全面商业禁伐政策不会通过贸易对国际原木市场产生较大的影响，进而加速森林资源的破坏。这主要由于天然林在中国原木供给中的比例较低，该政策不会导致国内原木供给量大幅下降；中国政府在天然林全面商业禁伐后增加了人工林的采伐量，国内原木供给量只出现了短期的下降。然而，天然林全面商业禁伐政策对保护、恢复中国森林资源具有重要的作用，有助于提升中国长期木材供给能力、降低木材对外依存度。

4.5
小　结

天然林全面商业禁伐对中国木材供给安全呈现出倒"U"形变化趋势。从短期影响看，由于禁伐后人工林的木材供给量的增加，在短期内并不会对中国木材安全产生较大的负向冲击，木材安全状况并不会发生根本性的改变。从长期影响看，天然林禁伐的影响将在 2020 年后逐步显现，在 2025 年前后该政策的影响达到峰值，此后中国木材供给的安全状况将逐步好转。因此，天然林禁伐将导致中国木材供给安全状况呈现出倒"U"形的变化趋势，2025 年前该政策将导致木材安全状况恶化，2025 年木材安全状况将逐步好转。天然林禁伐政策影响的倒"U"形变化趋势主要是禁伐导致的资源供给能力下降，但禁伐后短期木材安全形势的波动是在原木和锯材市场之间动态作用下产生的。

人工林的木材供给能力决定了天然林禁伐政策对木材安全的影响程度，即倒"U"形的变化程度。从实际情况看，天然林禁伐后中国的原木供给量在 2015 年出现了减少，此后原木供给数量逐步增加，到 2018 年已经恢复到历史最高水平。因此，天然林禁伐在短期内并没有产生较大的影响。然而，中国人工林的质量远低于天然林，单位面积蓄积量只有天然林的 2/3，大幅增加人工林的木材供给能力将面临严峻的挑战。研究根据模拟结果推断，人工林基本能替代天然林的采伐限额。人工林在 2025 年以前的供给能力仍不能全部满足市场需求，导致木材安全形势将出现轻微的恶化，到 2025 年人工林数量和质量的提升将逐步缓解中国木材供给矛盾，木材安全状况将得到缓解。总之，天然林全面商业禁伐短期内不会影响中国木材供给安全状况，但在"十四五"期间中国木材安全状况将出现一定程度的恶化，"十五五"期间天然林禁伐政策对木材安全状况的影响将逐步减弱。

5 基于PSR的天然林全面商业禁伐对木林安全影响分析

本章将从木材整体安全的视角分析天然林全面商业禁伐对木材安全的影响。研究借鉴 PSR 分析框架构建中国木材安全指数,并对比禁伐前后木材安全的变化状态。

5.1 中国木材安全测算方法

本研究涉及木材和木材安全两个概念。为了保证评价的准确性和科学性,本研究中木材不是指狭义的原木,而是包括原木及其衍生产品(锯材、单板、刨花板、胶合板、纤维板、木浆、纸和纸制品和废纸)。本研究的木材安全是指,一个国家或地区能够以合理价格和方式、持续、稳定、足量地获得经济和社会发展所需的木材资源,同时保障木材关联产业健康持续发展所需的木材原料供需平衡及生态环境良好的一种状态或能力。

5.1.1 中国木材安全指标体系构建

本研究借鉴 PSR 模型思路,在参考国内外学者相关研究和资源、能源安全研究的基础上,尽可能全面反映木材安全的各方面状况,通过专家咨询,以及指标数据的可获得性,从压力、状态和响应 3 个方面选取了 14 个指标,构建中国木材安全评价指标体系(表 5-1)。压力指标(B1)包括社会压力指标(C1)、经济压力指标(C2)、资源环境压力指标(C3)和贸易压力指标(C4),综合反映中国木材安全面临的各方面压力。状态指标(B2)包括资源环境状态指标(C5)、供给状态指标(C6)、产业状态指标(C7)和贸易状态指标(C8),综合反映中国木材安全的现状。响应指标(B3)包括产业技术响应指标(C9),综合反映针对木材安全状态所进行的产业技术改进。

　　社会压力指标(C1)下设 1 个具体指标,为逆指标。D1 为城市化率,是指城镇人口与总人口之比,反映一个国家或地区城市化的水平。木材是建筑装修的主要原材料,城市化进程会促进大规模的城市基础设施和住房建设,因此会对木材安全造成压力。

　　经济压力指标(C2)下设 1 个具体指标,为逆指标。D2 为单位 GDP 木材消耗量,是指木材消耗量与国内生产总值之比,即反映一个国家经济活动对木材的利用程度,也是反映经济结构和木材利用效率的变化,是木材消耗水平的主要指标。单位 GDP 消耗量越大,中国木材安全压力越大。

　　资源环境压力指标(C3)下设 1 个具体指标,为逆指标。D3 为单位森林蓄积量承载的人口数,是指人口总数与森林蓄积量之比,侧面反映人均森林资源的占有量,也是反映生态环境优劣的依据。单位森林蓄积量承载的人口数越多,中国木材安全压力越大。

　　贸易压力指标(C4)下设 2 个具体指标,均为逆指标。D4 为进口集中度,采用 HHI 指数体现,HHI 指数等于从进口来源国的进口量与总进口量的比值的平方和,反映进口来源的集中程度。HHI 指数越大,说明该种产品的进口国比较单一、集中程度越高。D5 为通货膨胀率,是指当年 CPI 值与前一年 CPI 值之差再与前一年 CPI 值之比,即反映通货膨胀的程度也反映货币贬值的程度,侧面反映木材价格水平。通货膨胀率越大货币购买力越低。

　　资源环境状态指标(C5)下设 3 个指标,均为正指标。D6 为森林覆盖率,是反映一个国家或地区森林面积占有情况或森林资源丰富程度的重要指标。D7 为储采比,是指年度活立木蓄积量与商品材采伐量的比值,是衡量木材资源储量的重要指标之一。储采比越高,说明可供采伐的时间越长,木材供给时间也越长,木材供给安全度越高。D8 为单位面积蓄积量,是指森林蓄积量与森林面积之比,既反映一个国家或地区森林资源总规模和水平的基本指标之一,也是衡量木材产量的重要指标。

　　供给状态指标(C6)下设 2 个指标,均为正指标。D9 为人工用材林比重,是指人工用材林蓄积量与森林蓄积量之比,反映了人工林供材能力,人工用材林比重越高,木材供给能力越高,木材安全度也越高。D10 为用材林成过熟林比重,是指用材林成过熟林蓄积量与森林蓄积量之比,反映了短期木材供给能力,用材林成过熟比例越高,短期木材供给越充足,木材安全水平越高。

　　产业状态指标(C7)下设 1 个指标,为正指标。D11 为木材总产值,是指木材加工产值、人造板制造产值与木制品制造产值之和,反映木材产业发展状况。木材总产值越高，说明木材产业发展越好，木材安全水平越高。

贸易状态指标（C8）下设 1 个指标，为逆指标。D12 为对外依存度，是指原木及林产品折算原木进口量之和与木材供给量之比，反映一个国家木材供给对国外市场的依赖程度。对外依存度越大，说明中国木材消耗中进口木材越多，对进口木材的依赖程度越大，使中国木材安全水平降低。

产业技术响应指标（C9）下设 2 个指标，均为正指标。D13 为木材产业技术进步指数（田明华等，2016），是指人造板产量与原木产量之比，反映林业相关行业的技术水平，也反映木材的利用率。木材利用率越高，单位木材使用量越低，木材越安全。D15 为废纸回收率，是指废纸回收量与纸和纸板消耗量之比，反映了木材节约代用水平，废纸回收利用越高，使用木材量越少，木材安全水平也越高。

表 5-1　木材安全评价指标体系

目标层	准则层	因素层	指标层
木材安全评价 y（A）	压力 （B1）	社会压力 （C1）	城市化率 （D1）
		经济压力 （C2）	单位 GDP 木材消耗量 （D2）
		资源环境压力 （C3）	单位森林蓄积量承载的人口数 （D3）
		贸易压力 （C4）	进口集中度 （D4）
			通货膨胀率 （D5）
	状态 （B2）	资源环境状态 （C5）	森林覆盖率 （D6）
			储采比 （D7）
			单位面积蓄积量 （D8）
		供给状态 （C6）	人工用材林比重 （D9）
			用材林成过熟林比重 （D10）
		产业状态 （C7）	木材总产值 （D11）
		贸易状态 （C8）	对外依存度 （D12）
	响应 （B3）	产业技术响应 （C9）	木材产业技术进步指数 （D13）
			废纸回收率 （D14）

本研究以 1997—2018 年为评估时段，以中国木材安全为评估对象。本研究中 GDP、人口数据来自《中国统计年鉴》；林产品产量、进出口贸易量、废纸回收量和进口量数据来自 FAO 数据库；木材消耗量数据来自《中国林业发展报告》，木材加工、人造板制造和木制品制造产值数据来自《中国林业统计年鉴》；废纸回收率数据来自《中国造纸年鉴》及中国造纸协会网站；森林资源相关数据来自《全国森林资源统计》；商品材采伐量数据来自《中国林业年鉴》。需要说明的是，由于统计分类的变更，1997—1998 年没有木材加工、人造板制造和木制品制造的细分数据，因此根据 1999—2018 年这 3 类所占总量比重的平均百分比计算得出 1997—1998 年的木材总产值数据。2018 年林产品贸易流量数据还未发布，2018 年进口集中度利用 2017 年数据处理。由于采伐限额数据为每 5 年 1 次的数据，无法确定各年度商品材采伐量，故按平均值进行处理。此外，中国森林资源清查 5 年 1 次，也无法确定各年度森林面积、蓄积量等具体数值，故按其平均增长率进行了数据处理。

5.1.2　中国木材安全评价方法

5.1.2.1　评价指标权重计算方法

基于上述的评价指标体系，本研究对中国木材安全水平进行了评估，采用熵值法确定指标权重。具体步骤如下：

(1)形成决策矩阵。设由 m 个指标构成的 1 个指标体系评价 n 个对象，第 j 个评价对象的第 i 个指标的特征值为 x_{ij}，形成决策矩阵为：

$$X = (x_{ij})_{m \times n} \tag{5-1}$$

(2)标准化决策矩阵。为了消除各指标纲量不同对评价结果的影响，对决策矩阵 X 进行标准化处理，从而形成标准化矩阵：

$$V = (v_{ij})_{m \times n} \tag{5-2}$$

正向指标采用公式(5-3)进行标准化处理：

$$v_{ij} = \frac{x_{ij} - \min(x_j)}{\max(x_j) - \min(x_j)} \tag{5-3}$$

逆向指标采用公式(5-4)进行标准化处理：

$$v_{ij} = \frac{x_{ij} - \min(x_j)}{\max(x_j) - \min(x_j)} \tag{5-4}$$

(3)计算第 j 项指标下，第 i 个评价对象的特征比重：

$$p_{ij} = \frac{v_{ij}}{\sum\limits_{i=1}^{m} v_{ij}} \tag{5-5}$$

(4)计算第 j 项指标的熵值 e_j：

$$e_j = -\frac{1}{\ln(m)} \sum_{i=1}^{m} p_{ij} \ln(p_{ij}) \tag{5-6}$$

(5)计算第 j 项指标的差异性系数 $d_j = 1 - e_j$，若熵值越小，表明指标之间差异系数就越大，指标就越重要。

(6)确定各指标权重：

$$w_j = \frac{d_{ij}}{\sum_{k=1}^{n}} d_k \tag{5-7}$$

5.1.2.2　综合评估值计算方法

采用多目标线性加权法确定各年份中国木材安全综合评估值。计算公式：

$$S = \sum_{i=1}^{n} Y_i \sum_{j=1}^{n} W_{ij} V_{ij} \tag{5-8}$$

式中，S 为中国木材安全的综合评估值，Y_i 为第 i 子系统的权重，W_{ij} 为第 i 子系统层第 j 项指标的权重，V_{ij} 为第 i 子系统层第 j 项指标的评价值(标准化值)。

5.2
天然林全面商业禁伐对木材安全的影响

5.2.1　中国木材安全指标权重计算结果

采用上述熵值法确定的各指标权重如表 5-2 所列。指标权重越大，表明其对评价结果的影响越大，反之越小。由表 5-2 可知，压力指标中，贸易压力指标的权重最高，社会和资源环境压力指标次之，经济压力指标权重最小，表明木材贸易状况是影响中国木材安全的最主要原因，同时社会压力和资源环境压力也是重要影响因素。在状态指标中，供给状态所占指标权重最大，资源环境类指标次之，贸易指标所占权重最小，同时正向指标的权重远远大于逆向指标的权重，说明当前中国木材安全水平比较乐观。在响应指标中，技术进步指标权重与节约代用指标权重相差不大，说明技术进步和节约代用共同改变了中国木材安全状况。

表 5-2　评价指标权重

目标层	准则层	权 重	因素层	权 重	指标层	权 重
木材安全评价（A）	压力（B1）	0.2214	社会压力（C1）	0.2419	城市化率（D1）	0.2419
			经济压力（C2）	0.1610	单位 GDP 木材消耗量（D2）	0.1610
			资源环境压力（C3）	0.2397	单位森林蓄积量承载的人口数（D3）	0.2397
			贸易压力（C4）	0.3575	进口集中度（D4）	0.1628
					通货膨胀率（D5）	0.1947
	状态（B2）	0.6369	资源环境状态（C5）	0.3443	森林覆盖率（D6）	0.0680
					储采比（D7）	0.0832
					单位面积蓄积量（D8）	0.1931
			供给状态（C6）	0.3663	人工用材林比重（D9）	0.0517
					用材林成过熟林比重（D10）	0.3146
			产业状态（C7）	0.1636	木材总产值（D11）	0.1636
			贸易状态（C8）	0.1258	对外依存度（D12）	0.1258
	响应（B3）	0.1417	产业技术响应（C9）	1.0000	木材产业技术进步指数（D13）	0.5475
					废纸回收率（D14）	0.4525

5.2.2　中国木材安全评价结果

1997—2018 年中国木材安全的压力-状态-响应-综合评估值见表 5-3。

表 5-3　1997—2015 年中国木材安全水平评估值

年　份	压力评估值	状态评估值	响应评估值	综合评估值
1997	0.5638	0.5062	0.0132	0.4491
1998	0.5591	0.4884	0.0000	0.4348
1999	0.4380	0.4111	0.1699	0.3829
2000	0.4182	0.3446	0.1164	0.3286
2001	0.4429	0.3165	0.0663	0.3090

（续）

年　份	压力评估值	状态评估值	响应评估值	综合评估值
2002	0.4229	0.2746	0.1563	0.2907
2003	0.3704	0.2624	0.1751	0.2739
2004	0.4160	0.2437	0.1892	0.2741
2005	0.4297	0.2411	0.2382	0.2825
2006	0.4147	0.1766	0.3676	0.2564
2007	0.3930	0.1726	0.4734	0.2640
2008	0.4635	0.1832	0.5003	0.2902
2009	0.6452	0.2027	0.5792	0.3540
2010	0.4830	0.2566	0.6239	0.3588
2011	0.5267	0.2226	0.7030	0.3580
2012	0.6378	0.2608	0.7442	0.4128
2013	0.5903	0.3183	0.8053	0.4475
2014	0.6167	0.3686	0.9401	0.5045
2015	0.6201	0.4145	0.9268	0.5326
2016	0.6040	0.4684	0.9804	0.5710
2017	0.6272	0.4929	0.9886	0.5929
2018	0.6210	0.5226	0.9878	0.6103

5.2.2.1　中国木材安全压力评估结果分析

图 5-1 为 1997—2018 年中国木材安全的压力评估值。由图 5-1 可知，中国木材安全的压力整体呈上升趋势。由于 1998 年天保工程的实施使国内木材供给大幅降低，但随后中国实施了原木、锯材的零关税政策，使进口木材弥补国内供给的不足，大量进口木材使国内木材安全压力有所缓解，因此，1998—2003 年中国木材安全的压力处于相对较低的水平。之后随着越来越多的木材来源国出台木材出口关税政策，中国天然林禁伐政策力度逐步加强，导致中国木材安全的压力水平呈波浪式上升，如中国原木、锯材的主要来源国之一的俄罗斯于 2006 年提高了原木与未加工锯材的出口关税，这可能是导致中国木材安全压力水平上升的原因。

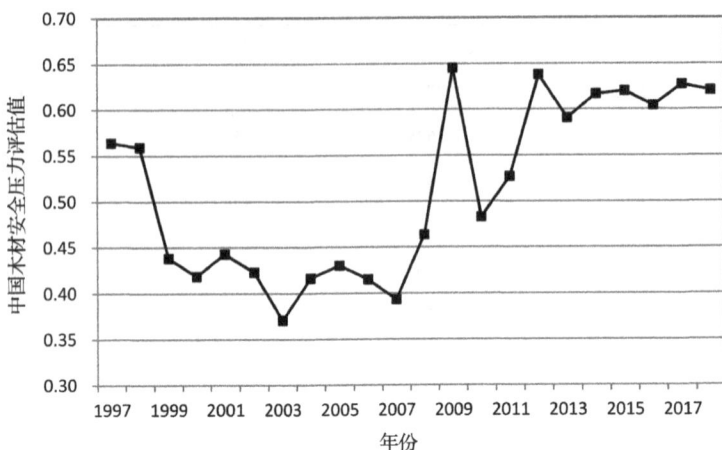

图 5-1　1997—2018 中国木材安全压力评估值

数据来源：PSR 计算结果。

5.2.2.2　中国木材安全状态水平分析

图 5-2 为 1997—2018 年中国木材安全状态评估值。由图 5-2 可见，1997—2018 年中国木材安全状态评估值呈"U"形。1997—2006 年中国木材安全状态评估值逐年下降，并且在 2007 年状态评估值达到最低点为 0.1726，而后一直到 2011 年一直保持在较低水平。2011 年以后，随着森林资源数量和质量的好转，人工用材林比重的提高以及木材产业产值的大幅提升，使中国木材安全状态开始好转。

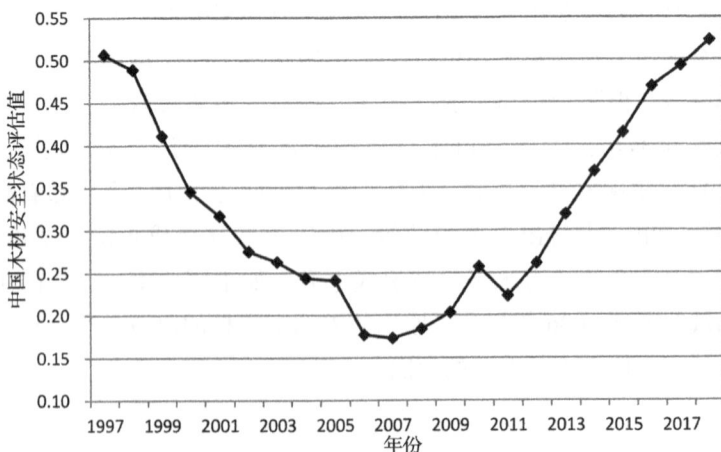

图 5-2　1997—2018 年中国木材安全状态评估值

数据来源：PSR 计算结果。

5.2.2.3　中国木材安全响应分析

图 5-3 为 1997—2018 年中国木材安全响应评估值。由图 5-3 可知，1997—2013 年中国木材安全响应评估值在整体上呈直线上升趋势，只是在1997—2001 年出现了一个小的波动，在这期间响应评估值整体很低，但从2001 年之后响应评估值几乎呈直线上升趋势。这主要是由产业技术和节约代用水平的逐年上升影响的。

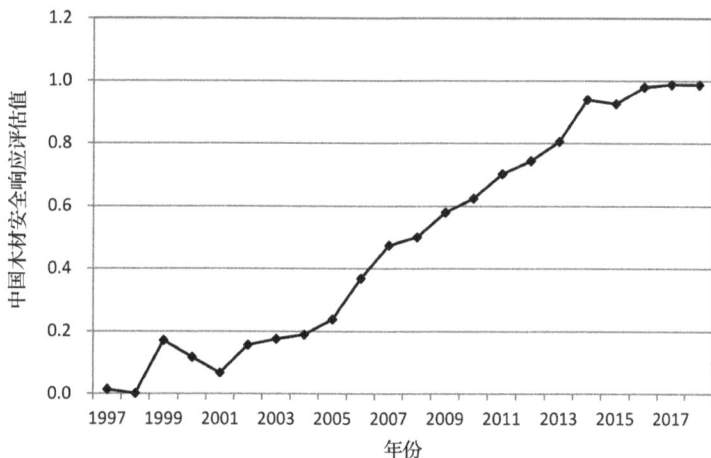

图 5-3　1997—2018 年中国木材安全响应评估值

数据来源：PSR 计算结果。

5.2.2.4　中国木材安全综合评估分析

综合压力、状态和响应评估结果可得到反映中国木材安全水平的综合评估值。由图 5-4 可知，1997—2015 年中国木材安全综合评估值呈现先下降后上升的趋势。2002—2008 年中国木材安全水平处于较低水平，这与前人的相关研究结论保持一致。2008 年以后，随着经济社会的不断发展，森林覆盖率的不断上升、木材产值、木材产业技术和节约代用水平等影响因素的共同作用下，使中国木材安全水平开始逐渐好转，其综合评估值开始逐年上升。结合图 5-2 和图 5-4 可以发现，中国木材安全的综合评估值变化趋势与状态评估值变化趋势基本保持一致，说明状态指标是影响中国木材安全水平的主要因素。森林资源质量、供材能力的不断提高和木材产业健康发展，是保障中国木材安全的主要因素，所以应加强森林资源培育，提高森林资源数量和质量，提升森林资源的供材能力。

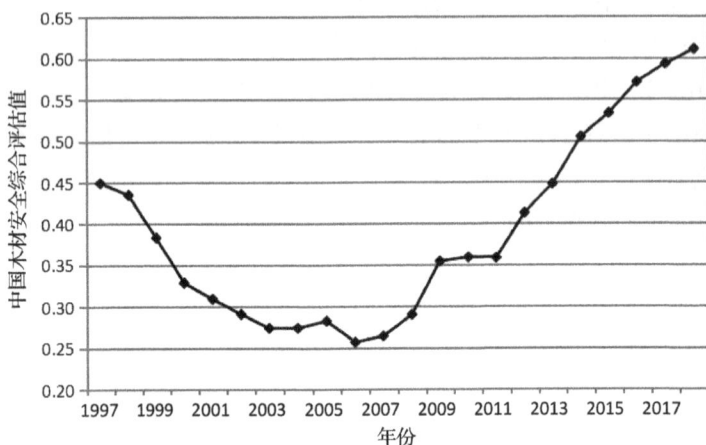

图 5-4　1997—2018 年中国木材安全综合评估值

5.3
小　结

　　本研究基于 PSR 模型思路，在遵循科学性、全局性、代表性、可比性和可操作性原则的基础上，构建了一套中国木材安全评价指标体系，运用熵值法对指标进行客观赋权，采用多目标线性加权法对 1997—2018 年中国木材安全水平进行评价，并分析了其变动趋势，结论如下：研究期内中国木材安全的压力评估值呈波浪式上升的趋势，表明中国木材安全压力不断增大，并且贸易指标所占比重最大，是造成木材安全压力的主要因素。而响应评估值几乎呈直线上升趋势，表明木材产业技术和节约代用在逐渐改善中国木材安全状态。中国木材安全水平的综合评估值与状态评估值均呈先下降后上升的趋势，近年来由于状态指标和响应指标上升的幅度超过了压力的上升幅度，致使中国木材安全水平不断改善。研究期内中国木材安全状况的综合评估值与状态评估值的变化趋势基本一致，说明状态指标是中国木材安全水平的主要影响因素，森林资源的供材能力和产业发展等是保障木材安全的基础。结合指标权重的结果来看，供给指标和资源环境类指标在状态指标中所占权重较高，说明木材安全状况主要受国内森林资源的数量、质量及其供材能力的影响。因此，应加强造林、提高森林经营水平和发展人工用材林，提高中国森林资源的质量和供材能力，保障中国木材安全水平(李秋娟等，2018)。

6 中国木材进口安全评价和风险多元化分析

天然林禁伐在短期内不会大幅改变中国木材的供给安全状况，但在"十三五"期间仍增加了原木和锯材的对外依存度。中国在"十三五"期间木材的对外依存度均值仍高于40%以上，天然林禁伐对木材供给安全的影响程度有限，但仍给木材供给安全带来负面影响。基于此，本章将从进口多元化的视角分析中国木材安全状况，并分析如何通过多元化的方式实现风险降低和防范。

6.1
木材进口风险评价和多元化方法

中国是木材进口大国，保障国内木材供给的安全是影响国内木材加工产业发展的重要因素。本节主要介绍如何从复杂网络的视角衡量中国木材进口安全状况，以及实现多元化的方法。刁钢（2014）认为，进口来源越多元化，贸易中存在的风险越小。已有研究多采用 HHI 和 SWI 指数反映多元化水平，并在此基础上加入描述市场风险因素构建进口风险指数。这类指数多在 HHI 或 SWI 指数基础上融入反应进口来源国资源禀赋、政治风险状况、贸易开发程度等因素，以反映进口的安全状态。然而，单纯地从进口来源国的特征和贸易的视角审视进口安全问题不能从全局的视角反映贸易的安全状况。因此，本研究基于复杂网络在 HHI 指数的基础上构建中国木材进口安全指数，并利用优化的方法通过进口多元化实现风险分散和降低。

6.1.1 木材进口风险指数

研究采用贸易多元化指数作为衡量贸易网络稳定性的基本框架，并认为一个国家的原木进口市场的多元化程度越高，进口贸易网络将更为安全。研究改进 HHI 指数，通过融入表征网络稳定性的指标构建分析贸易网络稳定性的分析框架。研究针对贸易关系的稳定考虑了国家网络地位的稳定性和节点连接的稳定性。其中，用国家的两步期望影响反映该国在全球原木贸易网络所发挥的影响，表征国家原木进口贸易网络地位的安全性；原木贸易网络下国家间发生贸易的概率也将引入 HHI 指数以表示节点连接的稳定。贸易规模的安全性主要考虑到了资源来源的安全性与贸易成本以反映原木这种生态资源产品的特征。为此，研究将贸易伙伴国家的资源禀赋特征以及国家之间的地理距离引入指标的计算，以此表征资源来源的安全性和贸易成本的安全性。

6.1.1.1 贸易关系的稳定性

网络节点作用的稳定性。贸易网络在动态变化中形成了特殊的结构，各节点在网络处于不同的位置导致作用的差异。各节点属性的差异表现为网络中影响力程度的差异。其中，处于网络枢纽位置以及资源获取与控制力较强的节点对网络往往发挥着愈加重要的影响（Eagle $et\ al.$，2010）。原木贸易中，如果贸易伙伴的网络影响力越强，则该国家在原木国际贸易中占据着重要位置；与较多国家存在原木贸易关系，表现为该国家发挥着原木国际贸易枢纽作用，从而对森林资源的获取能力以及掌控能力也就越强。假如网络的节点越倾向于与关键节点连接，其自身的影响力也就越强。节点的期望影响通常用以反映节点对网络的影响力水平，主要包括一步期望影响和两步期望影响（Robinaugh，2016）。其中，一步期望影响能够衡量节点对网络的直接影响，反映由节点所延伸出边及边权重情况，但并不能体现节点邻居的变化情况；而二步期望影响涵盖了邻居的预期影响，假如节点 i 只与节点 j 相连，若 j 节点的一步期望影响较低，则节点 i 对网络的二步期望影响水平较低；若 j 节点的一步期望影响较高，则节点 i 的变化能够通过一步期望影响较高的节点传递到整个网络，因而二步期望影响不仅涵盖节点对网络的直接影响，而且包括节点通过邻居对网络的二次影响。因而，研究用节点的二步期望影响（ipt）反映节点在网络中的影响力，其影响力水平越高，有利于促进网络地位的稳定。由于 HHI 指数越高，原木资源获取来源更单一，导致原木贸易网络将更不稳定。因而，为了与 HHI 指数变化方向一致，公式 6-1 对 ipt_j 进行了标准化处理。本研究采用了离差标准化，其中包括标准化方法。由于 ipt_j 指标数值越高，象征着节点在网络的影响力越强，因而采用标准化方法处理。

为充分反映国家特征对全球原木贸易网络稳定性的影响，研究还将贸易伙伴国家原木出口量占该国原木产量的比例包括在内，即 exp_j/rtp_j。该指标数值越小，说明该国原木的出口存在上升的空间，出口潜力较高，有利于母国与该国的原木贸易的往来。s_i 则代表着进口国原木的对外依赖水平，原木对外依赖水平越高，受进口来源国原木出口变化的影响越高，面临较高的不确定性风险，从而不利于贸易网络的稳定性。研究将 exp_j/rtp_j 与 s_i 引入公式6-1，并利用离差标准化对数据进行了标准化处理。公式6-1中，imp_{ij} 表示国家 i 向国家 j 的原木进口量，而 $timp_i$ 表示国家 i 原木的总进口量。

$$impact_i = \sum_{j}^{n} \left[inpt_j \times \frac{exp_j}{rtp_j} \times \left(\frac{imp_{ij}}{timp_i} \right)^2 \right] \times s_i \tag{6-1}$$

贸易网络中节点之间的连接并不是随机的，既受节点自身属性的影响，又依赖于网络中其他关系的存在。已有研究通过随机指数图模型来解释复杂网络的形成机理，通过判断现实网络与随机网络在网络结构特征上的差异，分析网络自组织特征和行为者属性对网络结构产生的影响（吴钢，2014）。在此基础上，随机指数图模型能够综合考虑影响网络形成的主要因素对各节点之间的连接概率进行估计，有助于判断某一节点更倾向于和哪些节点连接，以具体了解网络结构下节点连接的规律。由于网络关系的相互依赖性，基于随机指数图模型所估计的网络关系概率指的是给定网络其他关系时某一对节点所发生连接的条件概率，即考虑到了网络整体因素对某一对节点连接的影响。与贸易伙伴国家保持较高的连接概率时，表示两国之间贸易关系更为密切，贸易关系也倾向于稳定（张倩，2021）。为此，本节将两国原木贸易发生的概率引入 HHI 指数中，如公式6-2所示，为和 HHI 指数变化方向保持一致，我们利用标准化方法对贸易概率 p_{ij} 进行了标准化处理，其数值越小，国家与贸易伙伴国家维持较高的贸易概率，贸易关系将更为密切，更有利于贸易关系的稳定。

$$connect_i = \sum_{j}^{n} \left[p_{ij} \times \frac{exp_j}{rtp_j} \times \left(\frac{imp_{ij}}{timp_i} \right)^2 \right] \times s_i \tag{6-2}$$

6.1.1.2 贸易规模的稳定性

原木作为重要的森林资源，其供给能力取决于国家的森林资源禀赋。森林蓄积量和森林面积是通常用于表征森林资源禀赋丰裕程度的重要指标。其中，森林蓄积量反映了国家森林资源的存量水平，一定程度上能够反映原木的生产潜力，因此本研究采用森林蓄积量用以代表国家的森林禀赋。由于森林资源的可持续经营管理受到国际组织及各国的广泛关注，各国均加强了对森林资源的保护，导致国际贸易活动中的森林资源可持续供给问题更加突出，国际组织也倡导各国使用来自可持续经营管理的木材。针对资源供给的稳定性，研究不仅要考虑贸易伙伴国家的森林资源禀赋特征，还要将贸易伙伴国家森林资源的可持续性考虑在内，只有这样才能够实现森林资源供给的稳定性。已有研究将衡量能源供给安全的方法引入森林资源供给可持续性评价中，认为森林蓄积量与原木产量的比值能够反映原木供给的可持续性水平，比值越高，象征着国家森林资源长期供给能力越强（刁钢，2014）。原木贸易网络中，贸易伙伴国家森林资源的可持续水平越高，该国的森林资源的可持续水平也越高，进而实现贸易规模发展的稳定。为与 HHI 指数保持一致，我们利用标准化方法对公式 6-3 的 RP_j 进行了标准化处理，表示为原木产量与森林蓄积量的比值，取值范围为 0~1。其值越低，反映贸易伙伴国家森林资源可持续利用水平也越高，进口国资源来源越稳定。

$$fss_i = \sum_{j}^{n} \left[RP_j \times \frac{exp_j}{rtp_j} \times \left(\frac{imp_{ij}}{timp_i} \right)^2 \right] \times s_i \qquad (6-3)$$

贸易成本是影响国际贸易是否顺利开展的重要因素，贸易成本的降低将有助于实现贸易规模的稳定发展。针对贸易成本，研究考虑了地理距离、贸易自由度与国家政治风险等方面因素对贸易成本稳定性的影响。其中，贸易引力模型指出两国之间的地理空间距离越远，相应的运输成本越高，进而抬高了贸易成本，从而不利于双边贸易的开展。同时，地理临近、具有共同边界的国家之间其地域和文化特征较为相似，有利于降低国家间的信息交流成本，使得贸易成本进一步降低。由于国际贸易通常依靠于航运运输，其运输成本很大程度上取决于国际油价的波动。已有研究在探究地理距离对国际贸易影响时，将航运价格指数纳入模型中，已有研究将经燃油价格加权的地理距离代入模型中表示国际贸易的运输成本。本研究也将采用经航运价格指数加权的距离，并将其引入 HHI 指数中去，如公式 6-4 所示。d_{ij} 表示加权后的国家贸易距离，其中利用标准化方法对距离变量进行了标准化处理。国家的贸易自由度水平也将影响着两国之间的贸易成本。进口来源国的贸易自由度水平越高，相应的贸易制度体系更为完善，将促使国家交易成本的降低。为此，研究将贸易自由度（$free_j$）引入贸易成本稳定性方程（公式 6-4），并用标准化方法对贸易自由度进行了标准化处理。影响国际贸易成本的因素还包括贸易伙伴国家的政治风险水平，其中国家的政治风险越高，象征着国家的政局越不稳定，不能够有效保证国家经济活动的顺利开展，致使违约风险提高，一定程度上增加与该国的交易成本。研究将国家的政治风险指数（wgi_j）引入贸易成本的稳定性水平的测度，并利用标准化方法2对政治风险指数进行标准化处理（公式 6-4）。

$$cost_i = \sum_{j}^{n} \left[dis_{ij} \times free_j \times wgi_j \times \frac{exp_j}{rtp_j} \times \left(\frac{imp_{ij}}{timp_i} \right)^2 \right] \times s_i \qquad (6-4)$$

综合上述因素分析，进口贸易网络风险指数则由网络地位稳定性、节点连接的稳定性、资源供给稳定性以及贸易成本的稳定性构成（公式6-5）。进口网络稳定性指数数值越小，表示进口贸易网络的风险更小。

$$risk_i = impact_i + connect_i + fss_i + cost_i \tag{6-5}$$

6.1.2 木材进口多元化模型

研究基于网络的视角构建了木材进口风险指数，该指数不仅能衡量中国木材进口的风险，还能以此作为目标函数实现进口的多元化。研究试图在保障中国木材供给风险最小的情况下，通过进口多元化的方式实现保障中国木材进口安全，同时还推动世界森林资源的可持续利用。

研究利用木材进口风险指数作为目标函数，由于研究在 HHI 指数的基础上构建的木材进口风险指数，所以该指数可以表示为二次型的形式。考虑到国际形势复杂多变，政治冲突、贸易摩擦频发，未来国家的原木进口面临诸多不确定性因素。二次型形式如下所示：$impact = x'A_1x$，$connct = x'A_2x$，$fss = x'A_3x$ 和 $cost = x'A_4x$。

x（进口来源列向量）$= \begin{bmatrix} imp_1, & imp_2 \cdots imp_n \end{bmatrix}$

$$A_1 = \begin{bmatrix} \dfrac{ipt_1 \cdot exp_1 \cdot s}{rtp_1 \cdot timp^2} & & \\ & \ddots & \\ & & \dfrac{ipt_n \cdot exp_n \cdot s}{rtp_n \cdot timp^2} \end{bmatrix}$$

$$A_2 = \begin{bmatrix} \dfrac{p_1 \cdot exp_1 \cdot s}{rtp_1 \cdot timp^2} & & \\ & \ddots & \\ & & \dfrac{p_n \cdot exp_n \cdot s}{rtp_n \cdot timp^2} \end{bmatrix}$$

$$A_3 = \begin{bmatrix} \dfrac{RP_1 \cdot exp_1 \cdot s}{rtp_1 \cdot timp^2} & & \\ & \ddots & \\ & & \dfrac{RP_n \cdot exp_n \cdot s}{rtp_n \cdot timp^2} \end{bmatrix}$$

$$A_4 = \begin{bmatrix} \dfrac{dis_l \cdot free_l \cdot wgi_l \cdot exp_l \cdot s}{rtp_1 \cdot timp^2} & & \\ & \ddots & \\ & & \dfrac{dis_n \cdot free_n \cdot wgi_n \cdot exp_n \cdot s}{rtp_n \cdot timp^2} \end{bmatrix}$$

中国向各贸易伙伴国家的原木进口量不仅受到国内原木进口总量的约束，还受到贸易伙伴国家原木潜在出口总量的约束。约束条件1：贸易伙伴国家向中国出口原木的总量要等于中国原木的进口总量，假设中国可以从进口来源国获得所需的原木（公式6-6），I 为 n 维单位列向量，TOT 为中国进口原木总量。约束条件2：进口来源国原木出口约束（公式6-6）；进口来源国对中国原木出口量也存在约束（公式6-7）。$trade_{min}$ 和 $trade_{max}$ 分别为进口来源国对中国原木出口的下限和上限。进口来源国的出口上、下限由出口总量及对中国出口的比例所决定，EXP 是进口来源国原木出口量列向量，而 lb 和 ub 是向中国出口原木占其原木出口总量的比例（$0 \leqslant lb \leqslant ub \leqslant 1$）。研究假设进口来源国向中国出口原木的比例有两种情况：①没有限制的情景，即进口来源国向中国出口原木的数量既能小于等于贸易伙伴原木的总出口量（约束1：$lb = [0 \cdots 0]$ 和 $ub = [1 \cdots 1]$）；②进口来源国向中国出口原木受到限制的情景，假设进口来源国向中国出口原木数量要低于历史出口量数据的最高值 [$lb = 0$，$ub = \max(v)$]。

$$x' \cdot I = TOT \tag{6-6}$$

$$trade_{min} \leqslant x \leqslant trade_{max} \tag{6-7}$$

其中，$trade_{min} = lb \cdot EXP$，$trade_{max} = ub \cdot EXP$，$v = \begin{bmatrix} \dfrac{trade_{ll}}{EXP_{ll}} & \cdots & \dfrac{trade_{lt}}{EXP_{lt}} \\ \vdots & \ddots & \vdots \\ \dfrac{trade_{nl}}{EXP_{nl}} & \cdots & \dfrac{trade_{nt}}{EXP_{nt}} \end{bmatrix}$

因此，研究最小化中国原木进口风险问题可以转换为公式6-8的二次规划问题。可以求当中国原木进口风险最低时，进口来源国向中国出口原木的数量。

$$\min x'(A_1 + A_2 + A_3 + A_4)x$$

$$s.\ t.\ \begin{cases} x' \cdot I = TOT \\ trade_{min} \leqslant x \leqslant trade_{max} \end{cases} \tag{6-8}$$

6.2
中国木材进口风险评价

研究利用历史数据计算了中国木材进口风险。本节首先分析了中国木材进口风险中各要素的变化趋势，然后分析了天然林全面商业禁伐对中国木材进口整体风险的影响。

6.2.1 中国木材进口风险影响要素变化趋势分析

6.2.1.1 网络地位的稳定性分析

图 6-1 展示了 2000—2019 年中国、美国、越南、日本网络地位稳定性的历史变化趋势，其中网络地位稳定性指数越小，代表着国家原木进口网络地位更加稳定。可以看出，中国和美国在全球原木贸易网络中的地位稳定性要比其他两个国家要稳定，在 0~0.0016 上下浮动。但是从近几年来看，中国网络地位的稳定性风险呈现先上升后下降的趋势，而美国的网络地位相对较为

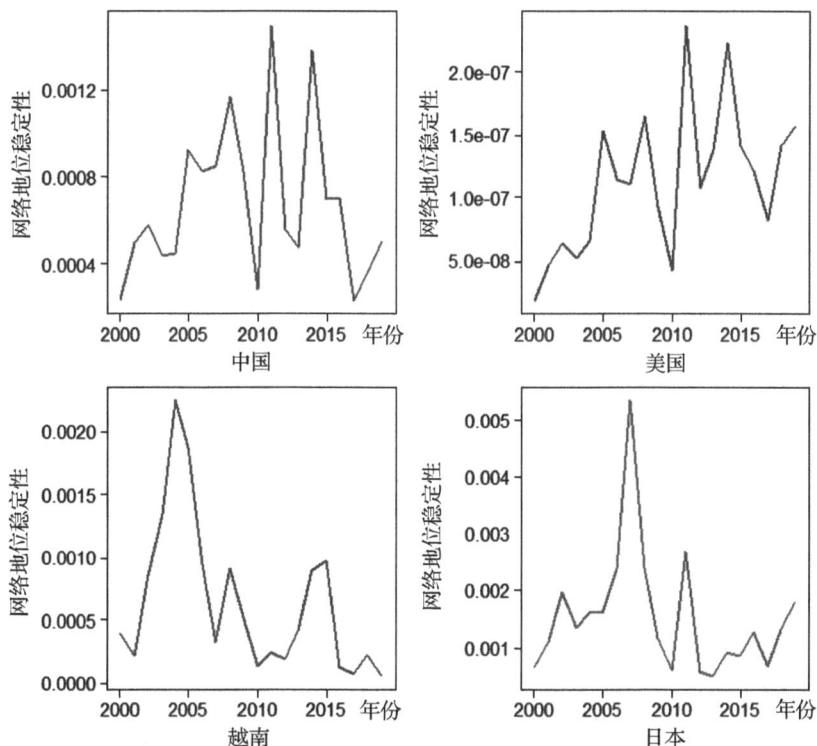

图 6-1 2000—2019 年主要国家网络地位稳定性变化趋势

数据来源：利用 R 语言计算获得。

稳定，呈现上下波动的变化趋势。而越南和日本的网络地位稳定水平则较为相似，在 0～0.6 范围内浮动，并且越南的网络地位稳定性风险在 2000—2004 年呈现增加的趋势，究其原因可能是越南原木对外依赖程度的上升致使网络地位稳定性的风险增加。而日本则在金融危机前后网络结构面临不稳定性的增加，其余年份处于不断波动范围较小。

彩图 29 则呈现了 2020—2030 年中国、美国、越南和日本 4 个国家在无天然林禁伐政策情景(S1)和有天然林禁伐政策情景(S2)的网络地位稳定性的变化特征。从总体上来看，没有天然林禁伐政策情景下的国家网络稳定性水平要比有天然林禁伐政策情景下稳定，也说明了中国天然林采伐政策的实施不仅将影响本国原木进口贸易网络地位的稳定性，而且也对其他国家网络地位稳定性发挥作用。就中国而言，国内天然林禁伐政策的实施不利于本国网络地位的稳定，没有天然林禁伐情景的中国网络地位稳定性指数要远远低于有天然林禁伐情景下的网络地位稳定性指数。中国天然林禁伐政策实施后，中国显著增加了对原木贸易伙伴的进口量，比如印度、泰国、巴西，而这些贸易伙伴在全球原木贸易网络地位的变化将引致中国原木进口贸易网络地位稳定性的变化。相较于没有天然林禁伐的情景，印度、泰国、巴西等国的贸易网络地位稳定性水平均在有天然林禁伐情景下出现下滑，因而贸易伙伴国在全球原木贸易网络中地位的下降使得中国贸易网络地位稳定风险程度上升，即中国的 S2 曲线相对要高于 S1 曲线。

从彩图 29 可以看到，美国的网络地位稳定性指数呈现不断下降的趋势，这说明美国原木进口贸易网络地位的变化逐步趋向稳定，同时中国天然林采伐政策并没有显著影响美国在原木贸易网络中的地位，即 S1 与 S2 曲线之间呈现略微差异。而日本则恰好相反，其在有天然林禁伐情景下的网络地位稳定性风险要高于无天然林禁伐情景，表示中国的天然林禁伐政策对日本原木进口贸易网络地位稳定性造成了不利影响，同时这种影响将随着时间的增长而增强，并逐步趋向于稳定。同时，越南也受到中国天然林禁伐的影响，相较于无天然林禁伐的情景，有天然林禁伐情景下国家的网络地位稳定性水平较高。然而，这种政策的影响力度随时间的增长而不断减弱，这与该国的原木贸易量和贸易伙伴调整密切相关。通过分析发现，越南在没有天然林禁伐情景下的原木进口要略高于有天然林禁伐情景下的原木进口，同时 2023 年之后，缩减了对中国原木的进口，而中国网络稳定性风险在有天然林禁伐情景下是相对较高的，因而可能使得该国的网络地位变化趋向于稳定。

6.2.1.2 节点连接的稳定性分析

图 6-2 表示了 2000—2019 年主要国家节点连接的稳定性变化情况，可以

看出美国节点连接的稳定性水平整体上高于其他 3 个国家，其节点连接稳定性指数低于 0.02，尽管近年来可能受国内贸易保护主义的影响，节点连接的不稳定性有所上升，但是整体水平则相对较为稳定。其次，中国原木进口贸易网络节点连接也相对稳定，稳定性指数均落在 0～0.002 范围内，并且近年来整体呈现下降趋势，这将有利于维持中国原木进口贸易网络节点连接的稳定性。越南和日本的节点连接稳定性风险相对要高于美国和中国，其中越南节点的连接稳定性指数经历了一个先上升再下降，并且变化趋势逐渐趋于平稳，这种变化趋势与越南实施的经济变革有关，经济变革在促进本国经济增长的同时，也带来产业发展良莠不齐、制度瓶颈制约发展等问题，影响了该国与其他国家的贸易联系。而日本原木进口贸易网络节点连接的稳定性一直处于不断波动的状态，并且波动幅度相对较高。金融危机前后，日本原木进口贸易网络节点连接面临较高的不稳定性风险，其节点连接稳定性指标数值相应达到了峰值。

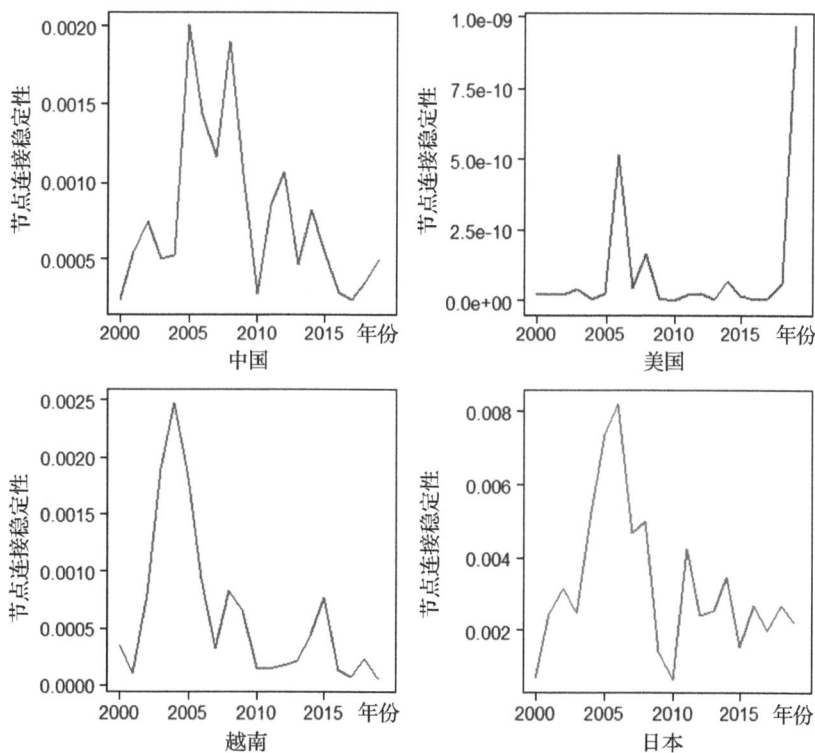

图 6-2　2000—2019 年主要国家节点连接稳定性变化情况

数据来源：利用 R 语言计算获得。

彩图 30 中呈现了不同情景下这四个国家节点连接稳定性的变化情况，对于中国而言，在 2020—2030 年期间，原木进口贸易网络节点连接稳定程度不断增强，其中在没有天然林禁伐情景下节点连接的稳定性水平要相对高于有天然林禁伐情景下节点连接的稳定性水平，这表明天然林禁伐政策的实施一定程度上增加了中国维持原木贸易伙伴关系的风险。天然林禁伐政策的实施使得中国密切了与亚洲地区，比如老挝、越南、印度，以及澳大利亚、俄罗斯等国的贸易往来，但是过度依赖这些少数国家，将难以保障贸易关系的平衡发展，致使中国的 S2 曲线要高于 S1 曲线。仔细观察美国和日本的节点连接稳定性的折线图，可以发现情景 2 的节点连接稳定性指数高于情景 1，这也说明中国的天然林采伐政策也将对其他国家节点连接产生影响，有可能影响其与贸易伙伴往来的密切程度。并且，尽管美国原木进口贸易网络节点连接的稳定性指数呈现不断增长的趋势，但是总体的稳定性程度均高于中国、日本与越南。而越南的节点连接稳定性程度在无天然林禁伐情景和有天然林禁伐情景下的差异并不突出，并且曲线表现为不断下降的趋势，从而有利于维持网络节点连接的稳定性。

6.2.1.3 资源来源稳定性分析

图 6-3 表示 2000—2019 年中国、美国、印度与日本 4 个国家资源来源稳定性的变化情况。从整体来看，中国的资源来源稳定性风险呈现增加的趋势，近几年上升速度明显提高，这可能与国内对原木进口需求的增加相关，同时 2010 年以后美国原木的主要来源国家包括澳大利亚、巴西、加拿大等国家，国内森林资源可持续性风险有了明显增加，这也将造成国家的资源来源稳定性风险的不断增加。而美国的资源来源稳定性水平则相对较高，其稳定性指数经历了先上升后下降的不断波动变化过程，并且 2010 年也表现为明显的上升趋势。越南和日本的资源来源稳定性变化趋势较为类似，处于不断波动的变化趋势，并且越南资源来源稳定性水平要相对高于日本的资源来源稳定性水平。这可能与两国进口贸易伙伴国家以及贸易量的差异有关，越南的原木进口量远低于日本，同时其贸易伙伴多集中于森林资源较为丰富的东南亚国家，因而国家所面临的资源来源稳定性相对较低。

彩图 31 直观展示了不同情景下这 4 个国家资源来源稳定性的变化情况，整体来看，中国天然林禁伐政策一定程度上增加了国家的资源来源稳定性风险，即有天然林禁伐情景下的资源稳定性指数要高于无天然林禁伐情景下的资源来源稳定性指数。具体来看，2020—2030 年中国的资源来源稳定性指数整体呈现先下降后上升的变化趋势，资源来源风险有可能增加，并且可以看

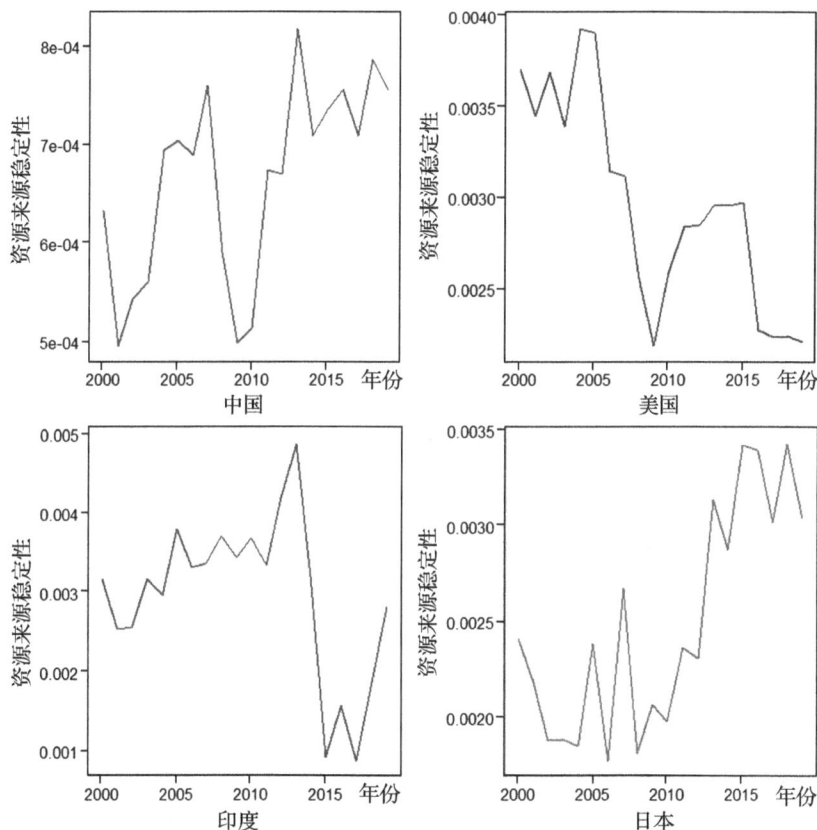

图 6-3 2000—2019 年主要国家资源来源稳定性变化趋势

数据来源：利用 R 语言计算获得。

出，没有天然林禁伐情景下的曲线要远低于有天然林禁伐情景下的曲线重叠，这表明天然林禁伐将增加中国资源来源稳定性风险。究其原因，天然林禁伐政策的实施刺激了中国原木进口的增加，使得中国对既有贸易伙伴的原木进口依赖程度增强，同时巴布亚新几内亚、加拿大等中国主要原木进口贸易伙伴国家的国内森林资源可持续风险的上升也将增加中国资源来源的不稳定性风险。对美国来说，天然林禁伐政策对国家资源来源稳定性并没有明显的负面影响，并且有天然林禁伐情景下的曲线要略低于无天然林禁伐情景下的曲线。这可能与美国原木出口量与原木产量比例的下降有关，在有天然林禁伐政策下该比例要明显低于无天然林禁伐政策，从而有利于维持国家资源来源的稳定。对于越南来说，没有天然林禁伐情景下的资源来源稳定性与有中国天然林禁伐情景的资源来源稳定性的差异并不明显，这可能与越南本国的贸易特征有关系，其贸易伙伴国家多为森林资源丰富、森林可持续经营较好的国家，同时国内森林资源禀赋丰厚，原木对外依赖程度较低，因而天然林禁伐政策对越南的资源来源稳定性并没有明显的影响。日本的情况与越南的类似，国内的资源稳定性指数整体上也呈现下降趋势，说明日本的资源来源稳定性程度不断提高，同时随着时间的增长，日本从中国的原木进口量相对情景 1 有下降趋势，致使在有天然林禁伐情景下国家的资源来源稳定性水平相对高于无天然林禁伐情景，但是这种差异并不明显。

6.2.1.4　贸易成本的稳定性分析

图 6-4 表示了 4 个国家在 2000—2019 年贸易成本稳定性的变化情况，中国的贸易成本稳定性水平在金融危机前后变动幅度较大，贸易成本稳定性面临较高风险。随着世界经济的复苏与发展，自 2010 年起，中国的贸易成本稳定性变化趋向稳定，保持较高的稳定性水平。美国的贸易成本稳定性水平整体上要高于其他 3 个国家，其贸易成本稳定性指数几乎接近于 0，并且整体呈现出增长的变化趋势。其次，越南的贸易成本稳定性指数整体水平相对较低，并且在 2000—2014 年间变化趋势较为平缓，而 2015 年之后，该指数出现了上升，随之波动幅度较大。日本相较于其他 3 个国家，贸易成本面临的不稳定风险程度则相对较高。同时，在 2000—2008 年，日本的贸易成本稳定性指数表现为在波动中不断上升趋势，贸易成本面临相对较高的不稳定性风险，这也说明日本的原木贸易成本稳定性水平受经济形势的影响较为严重，并且随着国内经济发展逐渐恢复，国家的贸易成本稳定性逐步趋向于平稳。

彩图 32 展示了两种情景下中国、美国、越南与日本贸易成本稳定性的变化情况，有天然林禁伐情景下中国贸易成本稳定性指数要高于没有天然林禁伐情景下的贸易成本稳定性指数，由于指数数值越高，代表国家的贸易成本稳定性越低，这将表明中国天然林禁伐政策的实施将给中国的贸易成本带来不稳定性风险。究其原因，中国天然林禁伐政策实施后，中国增加了对俄罗斯、印度、越南、缅甸等国家的原木进口，这些国家在中国原木贸易伙伴中占据重要地位，尽管这些国家属于中国的地理邻近国家，有利于中国大大降低原木贸易的运输成本，但这些国家大多属于新兴经济体，国内相关制度体系不健全，同时政局的不稳定也增加了这些国家的政治风险，从而导致中国贸易成本的不稳定性水平升高。而中国天然林全面商业禁伐政策对美国的贸易成本稳定性影响并不太显著，有天然林禁伐情景下的贸易成本稳定性指数变化与没有天然林禁伐情景下的贸易成本稳定性指数差异不大，并且数值较低，表明该国的贸易成本稳定性水平较高。对越南和日本来说，在有天然林禁伐政策情景和没有天然林禁伐政策情景下的贸易成本稳定性的差异并不显

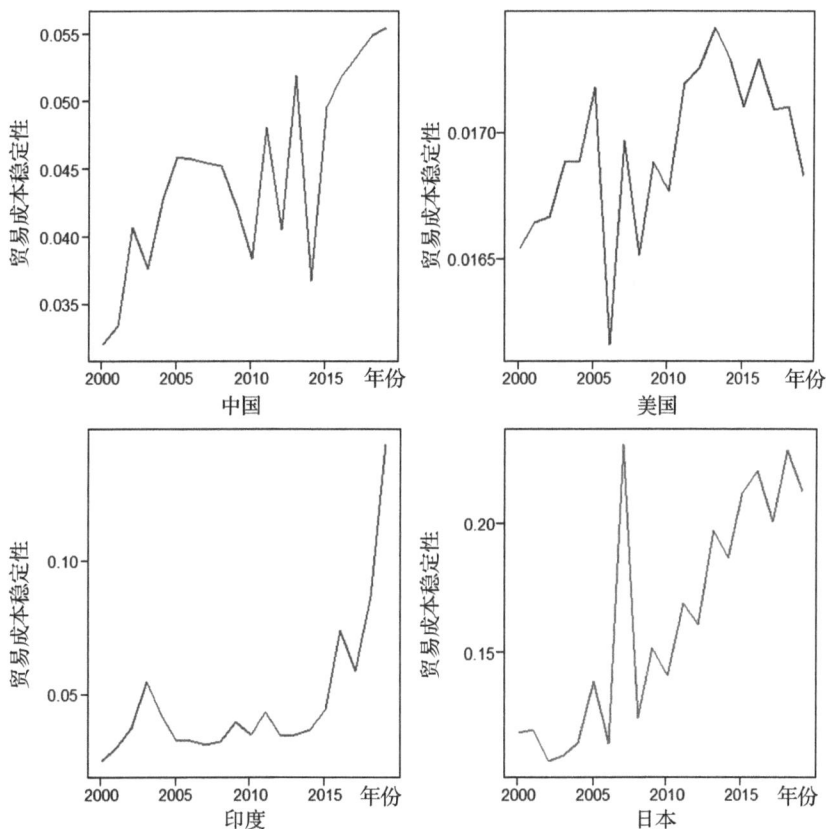

图 6-4　2000—2019 年主要国家贸易成本稳定性变化趋势
数据来源：利用 R 语言计算获得。

著，其中有天然林禁伐情景下的贸易成本稳定性指数要略高于没有天然林禁伐情景下的贸易成本稳定性指数，并且越南在 2020—2030 年贸易成本稳定指数呈现不断下降的趋势，贸易成本逐渐趋向于稳定。

6.2.2　天然林全面商业禁伐对中国木材进口风险的影响分析

天然林禁伐政策对中国原木进口风险产生了一定程度的影响。本节将分析该政策如何影响中国原木进口风险的。

6.2.2.1　天然林禁伐对网络地位的稳定性的影响分析

首先，本研究利用方差分析法分析了天然林禁伐前后网络地位稳定性均值是否出现显著变化，结果发现针对样本整体来说，F 检验结果接受了原假设，认为天然林禁伐前后网络地位稳定性的总体水平并没有呈现显著性差异。究其原因，原木贸易网络是在长期国际贸易中各国之间相互制约和相互协调的结果，国家在网络中的地位变化相对较为平衡，天然林禁伐政策仅在中国实行，故所引起的原木贸易网络的波动也应该是小范围的。为具体分析国家层面上原木贸易网络地位稳定性均值在天然林禁伐政策实施前后是否发生显著改变，本研究进行了多因素方差检验，F 检验结果表明，天然林禁伐前后网络地位稳定性均值的改变呈现明显的个体异质性特征，这也表明天然林禁伐政策将对不同国家产生差异化影响。对中国来说，有天然林禁伐情景下的网络地位稳定性的均值要高于无天然林禁伐情景下的均值，这说明天然林禁伐政策的实施将使得中国的网络地位稳定性下降，增加了不稳定风险。针对美国、新西兰、澳大利亚等经济发展水平较高的发达国家，可以发现 2015 年以后，有天然林禁伐情景下国家网络地位稳定性的均值与无天然林禁伐情景下的均值差异不大，甚至前者略低于后者，这表明政策的实施并没有对这些国家贸易网络地位稳定性产生负面影响，并且从长期来看，国家的贸易网络地位稳定性水平趋向良好的发展趋势。而泰国、越南等经济发展水平相对落后的国家，其网络地位稳定性则受到天然林禁伐政策的影响，面临不同程度的不稳定性风险。

其次，本研究对网络地位稳定性的变异程度进行了方差分析，F 检验结果显示，天然林禁伐前后，网络地位稳定性的方差存在显著差异，同时这种差异存在显著的个体异质性特征。具体到国家层面来看，2015 年以后，中国在情景 2 中的网络地位稳定性波动程度要相对低于情景 1 中的网络拓扑结构波动程度，这表明天然林禁伐政策的实施并没有加剧国家网络地位的波动程度。而与情景 1 相比，情景 2 下的美国网络地位稳定性波动程度略高，差异并不明显，而其他诸如俄罗斯、新西兰、澳大利亚等国家网络地位稳定性的波动程度并没有因天然林禁伐政策的实施发生显著变化。这一定程度上表明中国天然林禁伐政策的实施，虽然中国与各国的原木贸易量将发生较为明显的改变，但是并不会对国家网络地位稳定性的波动变化规律产生明显影响。

6.2.2.2　天然林禁伐对节点连接的稳定性的影响

原木贸易网络中节点连接的概率决定着国家更倾向于与哪些贸易伙伴发生贸易，也是影响贸易关系稳定性的重要因素。为此，本研究也将对天然林禁伐政策前后国家节点连接稳定性均值是否发生变化进行检验，以验证政策的实施是否对节点连接水平产生影响。F 检验结果表明天然林禁伐政策后不同情景的网络地位稳定性均发生显著变化，同时这种差异具有显著的个体异质性。

具体到国家来看，天然林禁伐政策实施后，中国节点连接稳定性的均值出现下降趋势，并且在有天然林禁伐情景下的节点连接稳定性均值要略高于没有天然林禁伐情景下节点连接稳定均值，这表明了天然林禁伐政策的实施促使了中国贸易伙伴的调整，致使与其他国家原木贸易活动发生变化，一定程度上提高了国家节点连接稳定性风险。通过对比分析有无天然林禁伐情景下美国节点连接稳定性指数均值变化，可以发现2015年以后，两种情景下节点连接稳定均值并没有呈现明显差异，这也表明天然林禁伐政策对美国节点连接稳定均值所起到的作用有限。究其原因，美国作为全球经济实力、贸易实力均较强大的国家，在原木贸易网络占据举足轻重的地位，同时也吸引更多贸易伙伴国家建立长期紧密的贸易关系，这促使节点连接稳定性程度的上升，中国天然林禁伐政策则对美国与贸易关系国家连接的影响则相对不明显。同时，本研究观察到2015年以后相较于情景1，新西兰、澳大利亚等国家在情景2下的节点连接稳定性水平有小幅度提升，这些国家作为全球原木出口的主要国家，在天然林禁伐实施背景下在原木国际贸易市场占据相对优势，能够吸引更多贸易伙伴，从而有利于巩固节点连接的稳定性。

其次，本研究又对国家节点连接稳定性的变异程度进行了检验，得到了与节点连接稳定性均值相似的结论。两种情景下的方差分析 F 检验均在1%水平下拒绝了原假设，这表明天然林禁伐政策实施前后节点连接稳定性的变异程度存在明显差异。针对具体国家来看，2015年以后情景2下的中国节点连接稳定性指数方差要略低于情景1，这表明天然林禁伐并没有加深中国节点连接稳定性的波动程度，影响较弱。同时，观察其他国家节点连接稳定性的变异程度也得到了其在情景1和情景2下差别并不明显的结论，这也证实了天然林禁伐政策对节点连接稳定性变异程度影响较弱。

6.2.2.3 天然林禁伐对资源来源的稳定性的影响分析

本研究利用方差分析法检验了资源来源稳定性指数均值在天然林禁伐实施前后的差异，F 检验结果均通过了1%显著性水平检验，表明2015年之后国家的资源来源稳定性指数均值将存在显著差异。为分析这种显著差异是否是由天然林禁伐政策带来的，本研究对比分析了各国的资源来源稳定性均值在没有天然林禁伐情景下和有天然林禁伐情景下的差异。基于国家、年份的多因素方差分析结果显示，中国的资源来源稳定性指数在2015年以后的均值整体上高于该年份前的均值，表明中国的资源来源不稳定风险有所上升。并且通过对比两种情景下中国资源来源稳定性的均值可以得到，相对于没有天然林禁伐情景，有天然林禁伐情景下的中国资源来源稳定性指数相对较高，这一定程度上说明天然林禁伐政策的实施将可能导致中国资源来源稳定性风险的上升。天然林禁伐的实施刺激了中国原木进口需求的增加，由于国际贸易能够将国内的森林采伐压力转移到其他国家，进而增加了中国资源来源的不稳定性风险。虽然国家的森林资源禀赋水平变化通常是一个长期的演变过程，原木产量所占森林蓄积量的比例短期内将不会发生较为明显的变化，这使得资源来源稳定性指数的均值差异相对较小，但必须重视该政策所引起中国进口量的增加很大程度需要凭借国际森林资源供给填补，因而要将资源来源的稳定性考虑在内，这样也有利于贸易伙伴国家的森林可持续经营管理。另外，针对其他国家来说，天然林禁伐政策的实施并没有给多数国家带来资源来源稳定性风险，只有少数国家比如芬兰、越南、蒙古等国家资源来源稳定性均值有所上升，这表明天然林禁伐对其他国家资源来源稳定性的作用还是相对有限的。

其次，本研究检验了天然林禁伐前后资源来源稳定性的变异程度是否存在显著差异，F 检验结果拒绝了原假设，认为天然林禁伐前后资源来源稳定性水平存在显著差异，同时多因素方差分析结果表明这种差异存在明显的国家异质性特征。针对中国而言，有天然林禁伐情景下资源来源稳定性的波动程度要小于没有天然林禁伐情景下的波动程度，与中国变化特征类似的国家还包括加拿大、芬兰、新西兰等国家。而美国、俄罗斯、卢森堡等多数国家资源来源稳定性的波动程度在有天然林禁伐政策下相对较高，也反映出政策的实施有可能增加国家资源来源波动的风险。

6.2.2.4　天然林禁伐对贸易成本的稳定性的影响

针对贸易成本的稳定，本研究也将分别检验天然林禁伐政策实施前后贸易成本稳定性指数均值和变异程度是否发生显著性变化。方差分析结果表示，贸易成本稳定性指数的均值在 1% 水平下通过了 F 检验，这表明 2015 年之后贸易成本稳定性指数的均值发生了明显改变，同时这种差异存在明显的个体差异性特征。具体到国家层面上来看，可以发现在有天然林禁伐情景下中国原木贸易成本稳定性均值要相对高于没有天然林禁伐情景，这说明天然林禁伐政策的实施一定程度上增加了中国原木贸易成本的不稳定性风险。影响贸易成本稳定性的因素不仅包括由地理距离、航运价格指数所决定的原木运输成本，而且贸易伙伴的政治风险、贸易自由度水平也将决定着中国原木贸易成本。由于中国既有的原木贸易伙伴国家很大部分来自森林资源丰富的发展中国家，比如东南亚及南美国家或地区，但是这些国家由于经济发展水平的落后，国内的制度环境及营商环境有待进一步优化，并且国内政局的动荡也将加深中国原木贸易成本不稳定性的风险。针对日本及韩国少数的原木进口国家，其贸易成本稳定性均值在有天然林禁伐政策情景中相对较高，表明天然林禁伐政策的实施一定程度上能够加剧原木进口市场的竞争效应，促使原木进口国贸易伙伴调整，从而增加原木进口贸易伙伴国贸易成本的不稳定性风险。而天然林禁伐政策对美国、加拿大、俄罗斯等国贸易成本稳定性的负面影响均不明显。

在此基础上，本研究对贸易成本稳定性指数的变异程度进行了方差分析，结果表明，天然林禁伐政策实施前后，贸易成本稳定性指数的变异程度存在显著差异，同时各国家异质性特征较为明显。对于中国，其贸易成本稳定性指数的变异程度在有天然林禁伐政策情景下要相对高于无天然林禁伐情景，这表示天然林禁伐政策的实施易造成中国贸易成本稳定性的波动风险。同时，该政策的实施不仅带来中国原木贸易成本稳定性波动程度的增加，而且也将造成澳大利亚、日本、法国等国家贸易成本的波动，但是两种情景下的贸易成本变异程度的差异相对较小。

6.3
中国木材进口风险多元化

6.3.1 进口风险优化模型情景设定

研究的优化模型将主要考虑两种情景：①没有天然林禁伐的情景（s1）；②天然林全面商业禁伐后用人工林替代天然林的采伐限额（s2）[①]。如果预测两种情景下中国未来最优原木进口结构特征的变化趋势，需要获得各进口来源国对中国原木出口份额的上限水平和中国原木的进口总量，进口来源国的原木出口总量以及各国原木进口贸易网络的稳定性特征。针对进口来源过程对中国原木出口的上限，研究利用贸易历史数据中进口来源国对中国出口量的最大值来计算，并假设在一定时期内进口来源国的原木出口不会发生结构性变化。而有关不同情景下未来中国的原木进口总量和贸易伙伴国的原木出口总量则由仿真模型预测获得。同时，结合进口来源国在不同情景下原木进口贸易网络稳定性特征构成优化模型的系数矩阵。通过给定的系数矩阵、中国原木进口向量以及各贸易伙伴国原木出口总量及份额，则可以完成优化模型的计算，从而得到未来中国最优的原木进口结构。未来存在诸多影响各国森

---

① 前两章模拟情景 s3（天然林全面禁伐后不用人工林替代天然林的采伐限额）与真实的原木供需相差较大，所以在优化时没有考虑该种情况。

林资源变化以及经济增长的不确定性因素，加上国际形势复杂多变，将很难对未来逐年的中国原木进口结构做出精准的预测。为此，研究采用2020—2030年各指标变化的均值进行中国最优原木进口结构的计算，以期能够得到未来中国原木进口结构的优化方向，进而为维持中国原木进口贸易网络稳定性提供相应的对策建议。

研究根据情景设定利用蚁群算法分别对中国原木进口结构优化模型进行求解（Deb et al.，2002），该算法能够具有很强的鲁棒性，有助于找到模型的最优解。同时，研究分别完成以下优化：①基于约束1的无天然林禁伐优化结果；②基于约束1的有天然林禁伐优化结果；③基于约束2的无天然林禁伐优化结果；④基于约束2的有天然林禁伐优化结果。因此，研究对比分析不同约束水平下，有无天然林禁伐政策下中国原木最优进口结构的特征，分析两种情景下优化结果所存在的差异，并探讨导致这种差异的原因，进而为未来中国原木进口结构的调整提供相关的政策建议。尽管本研究中国原木进口空间结构的优化结果可能在现实中并不存在，但是一定程度上能够为中国维持原木进口贸易网络稳定性提供方向。

6.3.2　中国木材进口来源优化结果

6.3.2.1　无约束条件下中国最优原木进口结构分析

中国原木进口的历史数据说明，中国原木进口来源主要集中于少数国家，其中排名相对靠前的国家包括新西兰、俄罗斯、澳大利亚、德国、美国、加拿大等国家。因此，优化结果中国对主要贸易伙伴国家的原木进口量的来源见彩图33。这些贸易伙伴2019年对中国原木的出口占中国原木进口总量的95%，能够反映中国原木进口结构的变化特征。优化结果说明，在情景s1和情景s2，中国从原木出口大国进口的原木量分布较为散，比如美国、俄罗斯、新西兰等国家。这说明，在优化过程中主要是通过改变对这些国家的进口量调整中国原木贸易网络的稳定性，这也体现出这些国家对中国原木进口贸易网络影响程度较大。

从地区分布的特征来看，有天然林禁伐政策（s2）下中国对亚洲地区原木进口有所增加，同时对欧洲地区、大洋洲地区的原木进口份额也要相对高于没有天然林禁伐政策（s1）的地区所占份额。这说明，在没有约束的情况下，中国天然林禁伐政策实施后中国增加与亚洲国家的原木贸易活动，这可能出于两方面考虑：中国与亚洲地区国家地理距离较为接近，并且经济发展水平、文化习俗一定程度上具有相似性，有利于贸易成本的控制，进而保持中国进口贸易成本的稳定性；同时，东南亚国家大多属于临海国，凭借独特的港口优势将拥有较多的贸易伙伴，进而贸易多样性程度也就越高，在原木贸易网络中发挥作用也将相应提升，从而有利于保持中国进口贸易网络的稳定。其中，东南亚最大的港口位于马来西亚，地理位置优势使其拥有相对较多的贸易伙伴，网络多样性程度相对较高，因而中国与这些国家的原木贸易往来一定程度上有利于促进中国伙伴国家的多样性，进而维持贸易网络的稳定。另外，欧洲国家和大洋洲国家普遍拥有丰厚的森林资源，同时经济发展水平也相对较高，对原木贸易网络的影响也相对较大，故增加对这些国家的原木进口一方面可以满足降低森林资源来源风险的需求，另一方面能够保障中国在原木进口贸易网络拓扑结构的稳定性。

6.3.2.2　约束条件下中国最优原木进口结构分析

中国最优原木进口分布在有约束条件下的结果将更接近现实情况，贸易伙伴国对中国的出口份额将不能超过历史的最高出口份额，因而贸易伙伴国家对中国的出口量不能无限制增加。从约束条件 2 的范围来看，研究计算的贸易伙伴国家对中国出口的历史最高份额呈现较为明显的国家异质性。其中，发展中国家的约束上限比较大，有 12 个国家上限水平达到了 1，涵盖南美洲、大洋洲、亚洲与非洲多个国家，而欧洲与北美洲地区的发达国家上限水平则相对较低，这说明了发达国家可能严格限制原木资源的出口，同时向发达国家进口原木的高成本也可能制约中国原木进口量的增长。

彩图 34 描述了在有约束条件下主要贸易伙伴国家在没有天然林禁伐情景和有天然林禁伐情景对中国所出口原木数量的分布情况，其中，美国、俄罗斯、新西兰等原木出口大国对中国出口量的分布则相对比较散，再次说明这些国家对中国原木进口贸易网络的影响较大，无论是在有约束条件下还是在无约束条件下，中国原木进口结构在优化过程中主要是通过调整对这些国家的进口量以实现维持原木进口贸易网络稳定的目的。从地区分布特征看，有天然林禁伐政策下中国对美洲地区、大洋洲地区的原木进口相对高于无天然林禁伐政策下对这些地区的原木出口，而亚洲、欧洲、非洲地区的原木进口量则在两种情景下差异并不大。这一定程度上说明无论是有天然林禁伐政策情景下还是没有天然林禁伐政策情景下，欧洲地区和亚洲地区均是中国原木进口的主要来源地区，中国从这些地区的进口量占中国进口总量的 47%。另外，有天然林禁伐政策下中国最优原木进口结构中增加了对大洋洲的新西兰、澳大利亚的原木进口，同时对南美洲地区的哥伦比亚、巴拉圭等国家原木的进口也有所增加。究其原因，新西兰、澳大利亚与中国的贸易关系较为稳定，这些国家与中国发生原木贸易的概率高达 0.96，因而天然林禁伐后中国增加对这些国家原木的进口将有利于增强中国原木进口贸易网络节点连接的稳定性。同时，这些国家在全球原木贸易网络中的特征向量中心性水平较高，中国加强与这些贸易伙伴的原木贸易活动一定程度上能够提升本国在网络中的地位，从而对维持网络拓扑结构的稳定性具有积极作用。另外，南美洲地区森林资源禀赋丰富，哥伦比亚、巴拉圭的森林蓄积量居世界前列，其中哥伦比亚的蓄积量所占全球的比例达到了 2%，并且这些国家原木产量远远低于国家的森林蓄积量，说明其国内原木供给潜力较大，能够有效保证中国资源来源的稳定性。

研究从网络优化的角度保持中国原木进口贸易网络的稳定性以及提出未来中国原木进口的调整方向。其中，优化模型的目标函数涵盖网络拓扑结构、节点连接、资源来源及贸易成本稳定性等方面内容，而约束条件相应设置两种情况，一种是无约束情况，即不限制贸易伙伴国对中国的原木出口，另一种则是有约束情况，即贸易伙伴国对中国的原木出口份额应小于或等于历史最高份额。通过对比分析不同约束条件下中国原木进口结构的变化特征，能够总结保持贸易网络稳定性的国家原木进口调整规律，进而为国家原木进口的短期和长期调整提供相关建议。

从地区分布来看，天然林禁伐政策的实施在无约束条件下将会增加对亚洲地区的进口，同时对欧洲、大洋洲的原木进口份额也相对较高。然而在实际的原木贸易中，这些地区对中国的原木出口并不能无限制地增加，尤其是发达国家对中国原木的出口量可能远小于国家原木的出口总量。因而，有约束条件下的中国原木最优进口结构将更加接近现实的情况。通过有约束条件下的优化结果可以看出，中国对亚洲地区和欧洲地区的原木进口在无天然林禁伐情景下和有天然林禁伐情景下所占份额差异并不大，而对美洲地区、大洋洲地区进口所占份额均有所提升。由此可以看出，中国在短期内保持对亚欧地区原木进口的基础上，可以适度开发森林资源禀赋丰富的美洲和大洋洲地区市场，扩充原木供给的渠道，而从长期来看，中国应密切与亚欧地区的贸易联系，进一步开拓这些地区原木的供给潜力。

从中国对主要贸易伙伴国的原木进口来看，天然林禁伐政策的实施在无约束条件下将促使中国的原木进口结构向多元化发展，这主要表现为相对于没有天然林禁伐情景，中国对俄罗斯、美国两大主要贸易伙伴国的进口所占比重出现下滑，而对新西兰、澳大利亚、巴布亚新几内亚等大洋洲国家，马来西亚、印度等亚洲国家，以及法国、德国等欧洲国家原木进口的上升。而在有约束条件下，中国为维持国家原木进口贸易结构的稳定性需要增加对俄罗斯、美国、新西兰这些主要国家的原木进口，同时对印度、马来西亚等亚洲国家，哥伦比亚、巴拉圭等南美洲国家原木的进口也相应增加。综上所述，若想保持中国原木贸易网络的稳定性，中国一方面需要加强与发达国家的贸易联系，保持原木的有效供给，另一方面则要积极发展与森林资源相对丰富的发展中国家的原木贸易，进一步开拓发展中国家的原木市场，巩固中国在全球原木贸易网络中的地位。

6.4
小　结

禁伐政策不利于国家原木贸易网络稳定性，禁伐政策增加了中国木材贸易网络拓扑结构稳定性风险，并使网络拓扑结构稳定性变异程度上升。尤其是与中国贸易关系密切的国家如美国、新西兰、澳大利亚等，其网络拓扑结构的稳定性程度也受到政策的影响，呈现下降趋势。因此，无天然林禁伐情景要比禁伐的情景的贸易网络稳定。禁伐后，中国原木进口量增加，给原木国际市场带来较大冲击，为确保充足的原木供给来源，必然继续扩大与森林资源大国的原木贸易，致使中国的原木贸易网络集中化、过度依赖少数国家，从而增加贸易网络不稳定性风险。同时，禁伐政策通过影响中国的贸易伙伴的网络结构特征及其与伙伴国家贸易关系的调整，作用于中国原木进口贸易网络的稳定性。研究基于进口多元化的思想，通过调整木材进口贸易网络结构的方式以降低中国木材进口风险。经过多元化调整后，中国对亚洲和欧洲地区的原木进口量在无禁伐和有禁伐情景下无显著差异，但美洲和大洋洲地区进口份额提升。

7 保障中国木材安全的对策建议

本研究利用实证的方法分析了天然林全面禁伐的影响，研究结果显示天然林全面商业禁伐对中国木材供给安全状况产生了显著的影响，但这种影响的程度较低。天然林禁伐仍会影响中国木材的供给安全状态，因此研究提出以下政策建议。

7.1
加强森林资源储备，提升森林资源质量

根据第五章分析结果，国内木材供给和自身森林资源状态是影响木材安全的主要因素，因此，如何加强自身森林资源的数量和质量是保障木材安全的关键措施。

7.1.1 以目标为导向加强资源储备，保障木材国内供给

木材战略储备生产基地建设是解决国内木材供给不足的重要手段，既能增加以木材为主的有形生态产品供给，又能提高改善环境等无形生态产品供给，也是促进绿色发展和加强生态文明建设的具体实践。国家储备林制度已初步建立，主要以工业原料林、珍稀树种和大径级用材林等优质高效多功能森林为主，因此应以分类经营为基础，坚持合理布局、科学经营、重点突出和多元投入，完善木材战略储备。

（1）完善国家储备林建设。国家已经发布了《国家储备林制度方案》，并编制了《国家储备林建设规划》《国家储备林树种目录》以及《国家储备林现有林改培技术规程》等一系列管理和技术文件。国家储备林建设以国有林场为承储主体，以立木储备、培育优质珍贵树种、大径材为主要目的，并且在投融资模式上也一改过去政府投资的模式，而是采用政府和金融资金相结合的模

式。根据规划目标和建设面积，各地在开展储备林建设时，建议加强优质林地利用强度，实现科学培育、集约培育。在储备林建设过程中，应重视储备林布局和建设管理，加强林业主管部门、金融部门的通力合作；制定完善细致的储备林建设规划，明确具体规划目标，落实到具体数字；建立监管和激励机制。此外，基于目前中国木材安全的现状，储备林建设应走生产优质高效、规模经营适度、储备调节有序、生态环境良好的发展道路。

（2）发展工业原料林。工业原料林为国家储备林建设的主要组成部分，主要包括纸浆原料林、人造板原料林、大径级用材林和其他工业原料林。随着近年造纸和人造板工业的不断发展，中国木浆的进口量逐年递增，而造纸和人造板的主要原料是小径级木材，可以通过发展速生丰产林解决，建议在发展工业原料林时，发动社会各界共同投资发展，建立多元化模式，同时要引入优质种苗，科学合理经营，以示范基地形式带动当地发展，如在环境条件适宜地区发展桉树丰产林或完善产业链发展林产一体化模式。

（3）建设珍贵优质大径材基地。珍贵稀有树种具有较好的木材特性，多用于制作高档家具、高档艺术品等实木制品及豪华装饰装修材料，具有观赏、保值升值功能，市场价格较高。发展珍贵稀有大径材人工林，可以增加林农收入，提高土地的单位经济收益。虽然中国人工用材林发展迅速，但是珍贵大径级用材林严重不足，大量发展珍稀大径级用材林，能够提供高档木材供给能力，缓解木材供给的结构性矛盾。建议着力解决以下问题：一是根据当地产业发展目标，制定相应的扶持政策，提高大型企业和林农投资珍稀大径级用材林的投资兴趣；二是加强珍稀树种材种优育的研究，以及建立珍稀树种种苗基地建设，保障珍稀树种种苗的有效供给。

7.1.2 加强森林的科学经营，提升森林生产力水平

国内森林资源状况及供给能力是中国木材安全的关键影响因素。因此，保障中国木材安全的关键是，通过采用先进的森林经营技术，增加森林蓄积量，改善森林结构，加强退化林修复，培育健康、稳定、优质、高效的森林生态系统，既是提升森林资源的生产力水平的有效手段，也是维护国家生态安全、促进经济社会可持续发展的迫切需求。

中国开展森林质量精准提升，提高木材供给能力潜力巨大。目前，全球每公顷森林蓄积量的平均水平为 129 立方米/公顷，而中国每公顷森林蓄积量（89.79 立方米/公顷）只有世界平均水平的 69.6%，而人工林每公顷蓄积量（52.76 立方米/公顷）只有世界平均水平的 40.9%。人工林发展空间巨大，将

人工林每公顷蓄积量增加到中国森林平均水平，中国森林蓄积量将增加 17 亿立方米。如果将中国森林质量提升到全球平均水平，中国森林蓄积量将增加 60 多亿立方米。以河北省木兰围场国有林场管理局近自然森林经营实施效果评价结果显示，近自然经营实施的 9 年间，森林蓄积量增加了 29.07%，单位面积蓄积量提高了 28.09%，活立木年平均生长量提高 1.57 倍，混交林比例提升了 163%。国家林业和草原局制定了新时代森林质量精准提升目标，建议高度重视森林生产力提升，除了原始保护区、国家一级公益林区外，分级分类推进近自然森林经营，要特别重视立地条件优良地区的森林质量精准提升工作。

7.2
拓宽木材贸易方式，分散木材进口风险

从木材安全角度来看，随着世界各国政府不断加强保护本国森林资源和发展木材初加工业，今后中国获取国际木材的方式必须采取多元化的方式，而绝不是单一的。而预测结果也显示，木材贸易的进口集中度和对外依存度上升可能导致木材安全预警指数下降，因此，应从改善木材贸易方面提出对策建议。

7.2.1 加强与森林资源丰富国家间的贸易合作，稳定国内原木供给

面临国内原木需求的持续扩张，原木供需矛盾日益加剧，合理利用国际森林资源将是保障国内木材供给安全的必然选择。中国原木的进口很大程度上依赖森林资源丰富且经济发展水平较高的国家，如美国、新西兰、澳大利亚、德国等国家，这些国家对中国原木的出口占据着国内原木进口来源的半壁江山。同时，这些国家均有丰富的森林资源，森林经营管理水平相对完善，进一步提高了国家森林资源的可持续利用水平，因此中国增加对这些国家原木的进口一方面能够保证本国使用的是来自可持续经营管理的原木资源，承当起大国责任，助力推进全球森林可持续管理的进程；而另一方面，这些经济实力相对较强的国家往往处于全球原木贸易网络的核心地位，网络影响力相对较高，因而中国加强与这些国家的贸易合作有利于接触更多的贸易伙伴国家，对增强国际影响力、提升本国在全球原木贸易网络中的重要地位具有重要作用，使得国家的森林资源获取能力持续增强，在促进中国原木贸易网络结构的稳定性的同时又保障了资源来源的稳定性。

7.2.2 "一带一路"助力中国原木国际贸易， 共同开创互利共赢的合作局面

"一带一路"倡议的提出，加强了中国与沿线国家的贸易往来，同时为原木国际贸易发展带来了契机。"一带一路"沿线国家涵盖诸多森林资源禀赋丰富的原木出口国家，如东盟 10 国、俄罗斯等国家，同时随着中欧班列的开展，中国与欧洲及沿线国家的贸易活动更加便利，并且促使贸易成本的降低，因而中国与沿线国家原木贸易活动的增强，不仅有利于进一步开拓国内原木资源来源的多元化渠道，促使沿线国家经济发展，而且能够合理控制原木的运输成本，促使贸易成本的降低。另外，沿线国家多数为发展中国家，与中国结成不同程度的友好关系，而国家之间良好的政治往来为国际贸易活动的顺利开展提供了无形的制度保障，从而有利于国家之间贸易关系的稳定。因此，中国应抓住"一带一路"发展的机遇，积极与沿线国家开展原木贸易活动，提升中国与伙伴国家贸易关系的稳定水平，促使原木贸易成本的降低。

7.2.3 增强国内木材供给能力， 逐步降低原木对外依赖水平

天然林禁伐政策虽然有效保护了国内天然林资源，但是国家对原木进口的依赖程度相应提高，增加了原木供给风险。为避免过度依赖其他国家所产生的原木供给风险，增强国内木材供给能力才是关键。目前，中国人工林面积虽然位于世界前列，但是中国的人工林发展面临着质量不高、林种结构单一、立地环境较差等问题，导致中国人工林产量有限，质量较差，无法满足国内市场的需求。因而注重对人工林的培育和管理是提高国内原木供给的必经路径。为此，中国要转变人工林增长方式，不能片面追求人工林面积的增长，转为实现提高人工林质量和人工林综合产出的增长。借鉴欧洲国家先进的森林经营管理模式，对国内人工林进行近自然林改造，进一步提升人工林的质量。同时，政府应加大政策扶持力度，提高林农营林、护林的积极性，提高林地经营效率，在增加林农收入的同时保障原木资源越多越好地产出，进而提升国内木材供给能力。

7.3
加速产业转型升级， 提高原料利用率和产品附加值

7.3.1 加强产业技术创新， 提升木材综合利用率

木材生产过程包括木材采伐、木材加工和木材产品管护。在采伐环节出

材率越高，木材采伐利用率越高，中国的木材出材率相对于发达国家较低，提高木材出材率能降低木材消耗。此外，森林采伐剩余物利用也是提高木材综合利用的有效手段，目前森林采伐剩余物利用水平较低，且大多用于燃料，如果能提高森林采伐剩余物用于木材加工方面，则能减少一定量的木材消耗。因此，应提高森林采伐剩余物的利用率，并探索先进技术提升剩余物的利用效率。

中国木材加工业呈现规模小、技术装备落后、木材利用率低的特点，这是中国木材产业供给侧结构性改革的重点。目前中国木材综合利用率只有60%左右，远低于发达国家的80%~90%。按照目前工业与建筑用材消耗量42188万立方米，中国木材综合利用率每提高1个百分点，将节约木材消耗422万立方米。因此，通过先进科技创新提高木材综合利用率，可保证在相同需求条件下减少森林资源消耗量，实现木材节约。

此外，木材在潮湿环境中容易腐烂，但是如果通过防腐技术处理后，可以大大延长木材产品的使用寿命，因此，通过增加木材使用寿命，也可以降低木材消耗，实现木材节约。如经过防腐处理后的马尾松枕木的使用寿命达到15年，是未经处理的使用寿命的4~5倍。中国干燥和防腐技术设备较发达国家落后，木材防腐比例较低，如果能大大提高木材防腐比例，也可减少一定比例的木材消耗。

7.3.2　加强产业升级，提高产业附加值

基于木材加工业存在的问题，通过木材加工产业升级，提高原料利用率，从而提升木材安全水平。在绿色发展理念的时代背景下，建议木材加工业从以下几个方面开展产业转型升级。

（1）产业链升级。通过横向和纵向整合，向深加工的下游延伸，提升木材加工产业附加值。将产业链上的各种资源整合，减少资源浪费。以木结构建筑为突破点，推动相关配套产业的联合，加强技术和研发，培育木结构建筑骨干企业，构建完整的木结构建筑产业链。

（2）企业升级。基于木材资源的有限性，企业应改变传统思想和视野，引入高科技人才、新技术和新设备，研发新产品，转变生产模式，完善产业链的同时，向精深加工发展。

7.4
大力发展木材循环利用，减少木材消耗

　　绿色发展和循环经济盛行的新时期，循环利用是转变经济发展模式的要求。木材循环利用是木材产业可持续发展的重要途径，是保障木材安全的重要手段。

7.4.1　开发竹材资源

　　竹材具有生长周期短、产量高，与木材类似的环保和可再生特点，能广泛应用于建筑装饰等行业，是木材最佳的替代资源。从绿色低碳发展角度而言，过去的以钢代木、以塑代木是不可取的，应大力提倡木材和竹材等环保可再生材料的应用。因此，在木材原料供给紧张时，应选择可再生资源作为替代资源，如竹材、秸秆(麦秸、棉秆)。中国竹林资源丰富，竹材产量居世界之首，2022年竹材产量达32.97亿根。竹子的利用前景非常广阔，是木材的主要替代品。随着加工技术的创新，中国竹产业已经形成一个庞大的产业链，成为中国林业的朝阳产业之一。特别是竹质板材、竹浆造纸等，市场前景可观，2022年中国竹地板产量达到5998.2万平方米。而竹浆纸在纸制品市场上也占据了一定份额。由于中国竹资源丰富，加上竹子生长速度快，大量开发竹资源加工产业，将大大节约木材的消耗。此外，农作物秸秆资源也非常丰富，由于与木材材性类似，可用于造纸和纤维制品生产。由于技术限制，未来中国在竹材和秸秆代用木材方面将发挥巨大作用。

7.4.2　加强废旧木材循环利用

　　废旧木材资源循环利用也是木材节约的主要方式，也是节约木材消耗实现循环经济发展的主要方式。国外许多国家很早就开展废旧木材回收利用，如日本、德国、意大利、加拿大，政府出台相关废旧木料收集处理相关的规章制度，包括废弃物处理的相关办法，如日本废旧木材回收利用率高达82%。国外对废旧木材的生产技术也处于先进水平，如德国通过对废弃木料进行分类处理，不同等级的木料采用不同的加工方式。近些年，中国大力发展废旧资源循环利用，但是中国木材资源循环利用方面，与发达国家还存在一定差距。据统计，中国每年产生废旧木材超过5000万立方米，如果按纤维板折算原木当量系数1.5~1.8立方米生产1立方米木质纤维板计算，相当于直接节约原木约 3000 万立方米(李秋娟,2018)。当前由于废纸回收相关制度缺失以及回收木材加工技术的限制,中国废旧木材回收利用率还不高,因此未来利用废旧回收木材增加中国木材供给的潜力巨大。

8 结 论

为分析天然林全面商业禁伐对中国森林资源和木材安全的影响，本研究构建了包含森林资源、原木和锯材国内和国际市场的天然林禁伐仿真模型，该模型把森林资源生长规律与森林采伐、木材贸易经济活动有机结合，具有模拟复杂经济和政策环境背景下天然林全面商业禁伐政策对中国森林资源、木材供需和安全的影响，并根据模拟结果分析森林资源和木材供给安全的功能。

8.1
主要结论

8.1.1 全面禁伐保护了中国森林资源， 森林资源可持续水平显著提升

禁伐政策保护了中国森林资源，政策的影响在 2015—2030 年并不显著，但森林资源可持续水平显著提升、安全状况改善，政策的效果需较长时间才能完全显现。研究模拟了在新冠疫情等复杂宏观环境和不同采伐、造林和保障木材供给政策的情景下，禁伐政策对森林资源的影响。研究对比无天然林禁伐的情景、天然林禁伐后用人工林替代天然林限额和天然林禁伐后不用人工林替代天然林采伐限额 3 种情景发现，禁伐后用人工林替代天然林采伐限额的情景与真实情景最为接近。情景对比结果说明，无禁伐的情景森林面积、蓄积量、单位面积蓄积量均高于天然林禁伐的情景；如果用人工林替代天然林采伐限额，森林资源恢复的速度略有减缓。然而，3 种情景的蓄积量、森林面积、单位面积蓄积量、蓄积增长量、森林采伐量和森林枯损量在 2015—2030 年均不存在显著差异。禁伐政策虽然保护了森林资源，但其政策效果并没有完全显现出来；从变化趋势看，禁伐情景与无禁伐情景间的差异随时间增加，禁伐政策效果需要更长时间才能完全释放。研究基于森林资源可持续

性测度方法衡量了森林资源的安全状况，禁伐政策显著提升了中国森林资源可持续水平，因此森林资源安全得到有效提升但幅度有限，森林资源安全状况随着政策效果的释放将逐步改善。

8.1.2 全面禁伐政策短期限制了原木供给能力， 加剧了木材供需矛盾

禁伐政策导致原木供需量均出现了"U"形变化趋势，且供给量下降的幅度要大于需求量，供给量恢复速度要慢于需求量，供需矛盾增加。原木供给量在禁伐政策实施后出现了小幅下降，此后人工林采伐量逐步弥补了天然林供给下降的缺口，供给量逐步提升。模拟情景对比发现，禁伐政策在2015—2030年显著减少了国内原木供给量，平均影响程度为4.23%，这种影响随着人工林原木供给能力的提升而逐步减弱。禁伐政策对原木需求的影响较为复杂，禁伐导致国内原木供给能力下降、供给曲线左移、价格上升；国内原木价格上升产生了两方面影响：一是引发原木进口量增加，进而导致国内价格下降；二是引发国内人工林供给能力上升，进口木材在国内木材中的比重下降。因此，禁伐政策在短期引发国内价格上涨、国内需求下降；随着进口原木和国内人工林供给数量上升，价格逐步下降，需求量在2025年恢复到没有禁伐的水平。因此，原木供需均出现了"U"形变化且供给量下降的幅度大于需求量，加剧了供需矛盾。

禁伐政策导致中国锯材供给量也出现了"U"形的变化，但拐点出现时间要比原木市场滞后2~3年；且锯材需求量在禁伐引发的替代效应作用下出现了快速增长趋势。研究预测2020—2030年，锯材供给量的增长速度为1.14%~2.88%，禁伐会显著放缓锯材供给量约2.01%，但不会根本影响锯材供给能力。从供给恢复拐点的出现时间看，锯材供给曲线的拐点在2020年，滞后原木供给曲线2年。禁伐会对锯材需求产生两方面的影响：禁伐后国内原木供给量下降，对锯材生产形成了原料限制；以俄罗斯为代表的国家为了保护本国森林资源限制原木出口，锯材成为替代原木的重要木材来源，在进口替代效应的作用下，锯材进口量增加、锯材整体需求上升。锯材需求量在2020—2030年以1.79%~3.71%的速度增长。因此，天然林禁伐加剧了锯材供需矛盾。

8.1.3 中国木材供给安全形势依然严峻， 全面禁伐政策加剧了木材安全风险

禁伐政策显著提升了木材的整体对外依存度，木材整体对外依存呈现出

浅"U"形的变化趋势。禁伐政策对原木对外依存度的影响显著高于无天然林禁伐的情景，且影响随时间推移而逐步显现，禁伐政策平均引发原木对外依存度上升 1.51% ~ 2.67%，锯材对外依存度上升 8.05% ~ 10.3%，加剧了木材供给风险。禁伐政策在短期内对木材整体对外依存度的影响较小，2020 年以后禁伐政策对中国木材对外依存度的影响将进一步扩大，预测 2030 年木材对外依存度仍然高达 28.5% ~ 37.2%，高于没有禁伐的情景 3.1% ~ 7.6%。由于中国在全面禁伐后扩大了人工林的采伐量，木材的对外依存度出现了小幅下降的趋势；随着经济的发展对木材需求量的增加，人工林供给能力无法满足需求，木材对外依存度将呈现上升趋势。

禁伐政策不利于国家原木贸易网络稳定性，禁伐政策增加了中国木材贸易网络拓扑结构稳定性风险，并使网络拓扑结构稳定性变异程度上升。尤其是与中国贸易关系密切的国家如美国、新西兰、澳大利亚等，其网络拓扑结构的稳定性程度也受到政策的影响呈现下降趋势。因此，无天然林禁伐情景要比禁伐情景的贸易网络稳定。禁伐后，中国原木进口量增加，给原木国际市场带来较大冲击，为确保充足的原木供给来源，必然继续扩大与森林资源大国的原木贸易，致使中国的原木贸易网络集中化、过度依赖少数国家，从而增加贸易网络不稳定性风险。同时，禁伐政策通过影响中国的贸易伙伴的网络结构特征及其与伙伴国家贸易关系的调整，作用于中国原木进口贸易网络的稳定性。

研究基于进口多元化的思想，通过调整木材进口贸易网络结构的方式以降低中国木材进口风险。经过多元化调整后，中国对亚洲和欧洲地区的原木进口量在无禁伐和有禁伐情景下无显著差异，但美洲和大洋洲地区进口份额提升。因此，中国在短期可以适度开发森林资源禀赋丰富的美洲和大洋洲地区市场以扩充原木供给的渠道；长期应密切与亚欧地区的贸易联系，开拓这些区域原木的供给潜力。

8.1.4 天然林全面禁伐后保障中国木材供给安全的对策建议

研究给出以下政策保障中国木材供给安全：以目标为导向加强资源储备，通过完善国家储备林建设、发展工业原料林和建设珍贵优质大径材基地，以保障木材国内供给；加强森林的科学经营，提升森林生产力水平；拓宽木材贸易方式，分散木材进口风险，加强与森林资源丰富国家间的贸易合作，稳定国内原木供给，通过"一带一路"助力中国原木国际贸易；加速产业转型升级，提高原料利用率和产品附加值；大力发展木材循环利用，减少木材消耗等方式保障天然林禁伐后中国木材供给安全。

8.2
研究不足与展望

　　研究虽然系统地回答了天然林全面商业禁伐对中国木材供需和安全的影响的科学问题，但还存在如下不足：①研究没有从原木全生命周期过程分析天然林全面商业禁伐政策产生的影响。研究虽然分析了天然林全面商业禁伐政策对森林资源、工业原木和锯材市场两个关联程度最高的市场的影响，但是没有从森林资源→原木→锯材→木质林产品(胶合板、刨花板、纤维板、纸制品等)→回收利用的全生命周期过程的视角分析该政策的影响。根据研究结果，天然林全面商业禁伐虽然减少了木材的供给，但是对市场的影响程度有限。因此，研究只从狭义的木材判断了政策对木材供需和木材供给安全的影响。②研究没有从全产业链的视角模拟禁伐对森林资源和木材安全的影响。而是截取产业链中的两个关键节点：森林资源和木材市场，森林资源变化影响生态安全，而木材市场决定产业的原料安全。因此，在政策情景设置时更多关注影响森林资源和木材市场的因素，而对政策的传导效应研究不足。

　　针对本研究存在的不足，未来还需要更深入地解决以下问题：从原木全生命周期过程的视角进一步审视天然林全面商业禁伐政策的影响，尤其是对木材加工产业的中长期影响；根据国家的"十四五"规划和"碳达峰和碳中和"目标对森林培育发展规划的要求进行更深入的定量模拟，分析在新的政策情境下天然全面商业禁伐对中国木材供需和供给安全的影响。

参考文献

毕大川，刘树成，1990. 经济周期与预警系统[M]. 北京：科学出版社：28-152.

常军乾，2010. 我国能源安全评价体系及对策研究[D]. 北京：中国地质大学.

陈勇，2008. 基于木材安全的中国林产品对外依存度研究[D]. 北京：中国林业科学研究院.

程宝栋，2011. 中国木材安全分析与评价[J]. 西北农林科技大学学报社会科学版，11(5)：43-47.

程宝栋，2006. 中国木材产业安全研究[D]. 北京：北京林业大学.

刁钢，程宝栋，李晓潇，等，2014. 中国木材进口风险分析[J]. 林业资源管理(2)：21-25.

刁钢，程宝栋，宋维明，2016. 基于林业产业预警模型的中国木材供需预测研究[M]. 北京：人民日报出版社.

刁钢，程宝栋，宋维明，2013. 中国森林资源与木材供给系统动力学模型[J]. 生态经济(12)：64-67+76.

刁钢，2014. 中国木材供给及政策研究[D]. 北京：北京林业大学.

丁晓慧，周晶，2015. 西南地区粮食安全综合评价研究[J]. 湖北农业科学，54(15)：3832-3837.

顾海兵，1997. 宏观经济预警研究：理论·方法·历史[J]. 经济理论与经济管理，V(4)：1-7.

韩露，2016. 黑龙江省宏观经济预警系统研究[J]. 农场经济管理(6)：34-36.

何从武，2014. 中国人造板行业木材需求预测[D]. 长沙：中南林业科技大学.

姜喜山，2011. 国家木材供给安全保障对策的研究[J]. 北京林业大学学报(社会科学版)，10(2)：50-53.

李健，何继新，荆涛，2013. 木质林产品进口与中国木材市场消费及木材生产关系的实证研究[J]. 林业经济问题，33(1)：27-31.

李培新，2000. 天保工程后中国木材供求状况及对策研究[D]. 北京：北京林业大学.

李秋娟，陈绍志，赵荣，2018. 基于PSR概念模型的我国木材安全评价[J]. 中国农业大学学报(自然科学版)(3)：140-148.

李秋娟，2018. 天然林全面停伐背景下中国木材安全预警研究[D]. 北京：中国林业科学研究院.

李小亮，陈彦玲，董正信，2008. 基于PSR框架的我国石油安全评价[J]. 北京石油化工学院学报，16(1)：62-66.

李珍，程宝栋，2013. 中国造纸行业木材需求预测分析[J]. 林业经济(7)：49-52.

刘菲, 胡明形, 胡延杰, 2015. 林改背景下中国原木供需和进口贸易预测——基于 CGTM 模型的空间均衡分析[J]. 世界林业研究, 28(3): 53-56.

刘云龙, 2015. 中国木材产品需求研究[D]. 北京: 北京林业大学.

缪东玲, 2010. 2010 年森林资源及其木材供给能力的国际比较分析——兼论提高中国森林资源木材供给能力的措施[J]. 林业经济(12): 82-88.

任家强, 孙萍, 于欢, 2014. 基于 PSR 和熵值法的县域耕地资源安全评价——以辽宁省辽阳县为例[J]. 国土资源科技管理(3): 14-17.

任艳梅, 孙博, 马奔, 等, 2016. 中国木质林产品供给趋势分析[J]. 林业经济(5): 37-41.

商迪, 2021. 中国造纸产业系统协调性对其绿色发展路径的影响研究[D]. 北京: 北京林业大学.

谭秀凤, 2011. 中国木材供需预测模型及发展趋势研究[D]. 北京: 中国林业科学研究院.

田园, 程宝栋, 宋维明, 2011. 保障木材安全的国际实践及对中国的启示[J]. 世界林业研究, 24(3): 69-72.

王宏, 2015. 新型木材安全观的构建与应用[J]. 国家林业局管理干部学院学报, 14(1): 11-14.

谢佳利, 2012. 中国木材供需预测与平衡对策研究[D]. 北京: 北京林业大学.

许传德, 韩璐, 张学军, 2015. 新世纪以来我国木材进口情况分析及预测[J]. 林业经济, 37(10): 5.

鄢哲, 姜雪梅, 2008. 南方集体林区木材供给行为研究[J]. 林业经济(9): 44-49.

杨红强, 2011. 中国木材资源安全问题研究[D]. 南京: 南京林业大学: 21-32.

杨磊, 2014. 我国粮食安全风险分析及粮食安全评价指标体系研究[J]. 农业现代化研究, 35(6): 696-702.

尹福禄, 2012. 基于 VAR 方法的河北宏观经济预警系统研究[J]. 企业导报(6): 125-126.

袁恬, 杨红强, 张小标, 2015. 全球林产品模型研究趋势及中国应用——基于 1990~2015 年的 ISI 统计数据[J]. 林业经济(11): 51-56+89.

张凤太, 王腊春, 苏维词, 2015. 基于 DPSIRM 概念框架模型的岩溶区水资源安全评价[J]. 中国环境科学, 35(11): 3511-3520.

张寒, 2012. 集体林权改革对中国木材供给的影响研究[D]. 南京: 南京林业大学.

张丽娜, 2012. 辽宁省木材供需均衡研究[D]. 沈阳: 沈阳农业大学.

张旭青, 2012. 林权变动对森林资源培育和木材供给的影响分析[J]. 中国林业经济(2): 23-24.

张英, 2012. 林权制度改革对中国集体林区木材供给的影响研究[D]. 北京: 北京林业大学.

张英豪, 奉国强, 2015. 中国木材供需现状与趋势[J]. 林业经济(2): 68-72.

张有峰, 宋维明, 2014. 区域森林资源与木材供给能力分析[J]. 经济问题(5): 103-107.

中国老科协木材安全调研组, 2010. 关于保障中国木材安全的研究[J]. 林业资源管理(1):

9-13.

朱洪革, 王玉芳, 2008. 东北、内蒙古地区木材供需状况的实证研究[J]. 林业经济问题, 28(4): 297-301.

吴润嘉, 朱玉林, 2016. 湖南省森林生态安全预警研究[J]. 绿色科技(10): 108-111.

张红丽, 滕慧奇, 2017. 林业生态安全预警测度与技术干预分析[J]. 科技管理研究, 37 (19): 246-252.

张倩, 2021. 天然林禁伐对中国原木进口贸易网络稳定性的影响研究[D]. 北京: 北京林业大学.

张振锋, 2011. 复杂生态区生态环境安全评价与预警研究——以河北省为例[D]. 天津: 河北工业大学.

韩天放, 2010. 辽宁省土地利用变化生态安全评价及预警研究[D]. 沈阳: 东北大学.

文森, 2008. 重庆市耕地资源安全与预警研究[D]. 重庆: 西南大学.

范秋芳, 2007. 中国石油安全预警及对策研究[D]. 合肥: 中国科学技术大学.

田明华, 史莹赫, 黄雨, 等, 2016. 中国经济发展、林产品贸易对木材消耗影响的实证分析[J]. 林业科学, 52(9): 113-123.

杨诚誉, 陈启博, 2017. 湖南省森林资源可持续经营指标体系研究[J]. 林业资源管理 (S1): 41-46.

李建钦, 苏建兰, 2015. 云南山地社区森林资源可持续经营能力研究[J]. 云南社会科学 (5): 151-157.

杨广青, 潘潇, 罗艳, 2014. 资源可持续与人类发展的动态关系及其政策启示[J]. 经济学家(7): 36-45.

王春华, 2014. 教学设计的理性及其限度[D]. 济南: 山东师范大学.

王芳琴, 2013. 嵌入人力资本的劳动力市场非均衡分析[D]. 长春: 吉林大学.

吴钢, 2014. 人文关系网络对国际贸易网络的影响机制及效应研究[D]. 长沙: 湖南大学.

柯水发, 朱烈夫, 袁航, 等, 2018. "两山"理论的经济学阐释及政策启示——以全面停止天然林商业性采伐为例[J]. 中国农村经济(12): 52-66.

Abadie A, Diamond A, Hainmueller J, 2015. Comparative politics and the synthetic control method [J]. American Journal of Political Science, 59(2): 495-510.

Adams D M, Haynes R W, 1996. The 1993 timber assessment market model structure, projections and policy simulations[R], United States Department of Agriculture.

Aguiar-Conraria L, M J Soares, 2011. Business cycle synchronization and the Euro: A wavelet analysis [J]. Journal of Macroeconomics, 33(3): 477-489.

Akhi K, Uddin M T, Islam M M, 2016. Food security assessment of NGO supported and own managed pond fish farmers of two districts in Bangladesh [J]. Journal of the Bangladesh Agricultural University, 13(2): 273.

Barr C, Cossalter C, 2004. China's development of a plantation-based wood pulp industry: Government policies, financial incentives, and investment trends [J]. International Forestry Review, 6(3-4): 267-281.

Basse G W, Felle A, Toulis P, 2019. Randomization tests of causal effects under interference. Biometrika, 106(2): 487-494.

Ben-Michael E, Feller A, Rothstein J, 2018. The augmented synthetic control method [R]. Preprint. Available at arXiv, 1811.04170.

Bentley R W, 2002. Global oil and gas depletion: An overview [J]. Energy Policy, 30: 189-205.

Bhattacharyay B N, Dlugosch D, Kolb B, et al, 2009. Early Warning System for Economic and Financial Risks in Kazakhstan[R]. Cesifo Working Paper.

Bojinov I, Chen A, Liu M, 2020. The importance of being causal [J]. Harvard Data Science Review.

Brodersen K H, Gallusser F, Koehler J, et al., 2015. Inferring causal impact using bayesian structural time-series models [J]. The Annals of Applied Statistics, 9(1): 247-274.

Bull G Q, Nilsson S, 2004. An assessment of China's forest resources [J]. International Forestry Review, 6(3-4): 210-220.

Buongiorno J, Zhu S, Zhang D, et al., 2003. The global forest products model: Structure, estimation, and applications [M]. USA: Academic Press: 3-11.

Buongiorno J, 2014. Global modelling to predict timber production and prices: the GFPM approach [J]. Forestry, 88(3): 291-303.

Buongiorno J, 2016. Gravity models of forest products trade: Applications to forecasting and policy analysis [J]. Forestry, 89(2): 117-126.

Canby K, Hewitt J, Bailey L, et al., 2008. China and the global market for forest products [M]. Washington D.C. USA: Forest Trends.

Cox D R, 1958. Planning of experiments [M]. Hoboken: Wiley.

Dai Limin, Li Shanlin, Zhou Wangming, et al., 2018. Opportunities and challenges for the protection and ecological functions promotion of natural forests in China [J]. Forest Ecology and Management, 410: 187-192.

Daigneault A J, Sohngen B, Kim S J, 2016. Estimating welfare effects from supply shocks with dynamic factor demand models [J]. Forest Policy & Economics, 73: 41-51.

Davis E P, Karim D, 2008. Comparing early warning systems for banking crises [J]. Journal of Financial Stability, 4(2): 89-120.

Davis E P, Karim D, 2008b. Could early warning systems have helped to predict the sub-prime crisis? [J]. National Institute Economic Review206): 35-47.

Démurger S, Hou Y Z, Yang W Y, 2009. Forest management policies and resource balance in China: An assessment of the current situation [J]. The Journal of Environment & Development: A Review of International Policy, 18(1): 17-41.

Dragicevic A Z, Barkaoui A, 2017. Forest-based industrial network: Case of the French timber market [J]. Forest Policy & Economics, 75: 23-33.

Dreger C, Kholodilin K A, 2011. Speculative bubble on housing markets: Elements of an early warning system [J]. Diw Economic Bulletin, 1(4): 3-9.

Eagle N, Macy M, Claxton R, 2010. Network diversity and economic development [J]. Science, 328(5981): 1029-1031.

FAO, 2021. FAOSTAT database [R].

Gobillon L, Magnac T, 2016. Regional policy evaluation: Interactive fixed effects and synthetic controls [J]. Review of Economics and Statistics, 98(3): 535-551.

Greene D L, Hopson J L, Li J, 2005. Have we run out of oil yet? Oil peaking analysis from an optimist's perspective [J]. Energy Policy(34): 515-531.

Hänninen R, Kallio M I, 2007. Economic impacts on the forest sector of increasing forest biodiversity conservation in Finland [J]. Silva Fennica, 41(41): 507-523.

Hänninen R, 2004. Econometric models in forest sector forecasting [J]. Journal of Forest Economics, 10(2): 57-59.

He D, Barr C, 2004. China's pulp and paper sector: An analysis of supply-demand and medium term projections [J]. International Forestry Review, 6(3-4): 254-266.

Hermansen M, Röhn O, 2015. Economic resilience: The usefulness of early warning indicators in OECD countries[R]. OECD Economics Department: 5-15.

Hetemaki L, Mikkola J, 2005. Forecasting Germany's printing and writing paper imports. [J]. Forest Science, 51(5): 483-497(15).

Hu Z D, Ge Y J, 2014. Geopoliticalenergy security evaluation method and its application based on politics of scale [J]. Geographical Research, 6(9): 5682-5696.

Hua F, Xu J, Wilcove D S, 2017. A new opportunity to recover native forests in China: Recovering China's native forests [J]. Conservation Letters, 11(2): 1-8.

Ince P J, Kramp A D, Skog K E, et al. , 2011. Modeling future U. S. forest sector market and trade impacts of expansion in wood energy consumption [J]. Journal of Forest Economics, 17 (2): 142-156.

Ionita R O, Stancu D, 2015. Early warning models for debt crises - case study for Romania, Czech Republic and Hungary [J]. Economic Computation & Economic Cybernetics Studies & Research, 49(2): 1-21.

Jdaitawi Q M, Ananze I E N, Al-Jayousi A M, 2014. Developing an early warning system for currency crises: The case of Jordan 1984-2008 [J]. Management Science & Engineering, 8 (1): 13-21.

Jintao X U, White A, 2004. Understanding the Chinese forest market and its global implications

［J］. International Forestry Review, 6(3-4): ii-iv.

Kang H M, Choi S I, Sato N, 2015. Study on Trends and Characteristics of Timber Supply and Demand in Korea［J］. Journal- Faculty of Agriculture Kyushu University, 60(2): 543-552.

Kangas K, Baudin A, 2003. Modelling and projections of forest products demand, supply and trade in Europe［R］. United Nations: 13-17.

Katsigris E, Bull G Q, White A, et al, 2004. The China forest products trade: Overview of Asia-Pacific supplying countries, impacts and implications ［J］. International Forestry Review, volume 6(3-4): 237-253.

Kittelmann K, Tirpak M, Schweickert R, et al, 2006. From transition crises to macroeconomic stability? Lessons from a crises early warning system for eastern European and CIS countries ［J］. Comparative Economic Studies, 48(3): 410-434.

Koyuncugil A S, Ozgulbas N, 2012. Financial early warning system model and data mining application for risk detection ［J］. Expert Systems with Applications, 39(6): 6238-6253.

Kuuluvainen J, Kaikai I, Uusivuori J, 2003. Empirical behaviour models on timber supply ［M］. Helsinki: Helsinki University Press.

Ledoux C B, 2001. Timber supply and demand assessment of the Green and White Mountain national forests' market area［R］. Forest Service, United States Department of Agriculture.

Li L, Hao T, Chi T, 2017. Evaluation on China's forestry resources efficiency based on big data ［J］. Journal of Cleaner Production, 142: 513-523.

Maksym P, Davidn W, Robertn H, 2010. Harvest choice and timber supply models for forest forecasting ［J］. Forest Science, 56(4): 344-355.

Malaty R, Toppinen A, Viitanen J, 2007. Modelling and forecasting finnish pine sawlog stumpage prices using al. ［J］. Canadian Journal of Forest Research, 37(1): 178-187.

Mangaoang E O, Nasayao E E, Cedamon E D, et al, 2005. Overview of timber demand and supply on Leyte Island, The Philippines［C］. ACIAR Smallholder Forestry Project -Redevelopment of a Timber Industry Following Extensive Land Clearing: Proceedings from the End-of-Project Workshop. The University of Queensland: 301-307.

Manjunatha G R, Patil K K R, Chandrakanth M G, 2016. Demand for forest products in India-Role of institutions ［J］. Indian Journal of Ecology, 43(2): 482-490.

Mccarthy P, Lei L, 2010. Regional demands for pulp and paper products ［J］. Journal of Forest Economics, 16(2): 127-144.

Mckillop W L M, 1967. Supply and demand for forest products: An econometric study ［J］. Hilgardia, 38(1): 1-132.

Miao G, West R A, 2012. Chinese collective forestlands: Contributions and constraints ［J］. International Forestry Review, 6(3-4): 282-296.

Nicholson W, Snyder C M, 2012. Microeconomic theory: Basic principles and extensions ［R］.

Nelson Education.

Nielsen R W, 2015. Early Warningsigns of the economic crisis in Greece: A warning for other countries and regions [J]. Quantitative Finance, 2(4): 460-466.

Nilsson S, Bull G Q, White A, et al, 2004. China's forest sector markets: Policy issues and recommendations [J]. International Forestry Review, 6(3-4): 299-305.

O' Neill S, Kreif N, Grieve R, et al. , 2016. Estimating causal effects: Considering three alternatives to difference-in-differences estimation [J] . Health Services and Outcomes Research Methodology, 16(1-2): 1-21.

Oduro K A, Mohren G M J, Affumbaffoe K, et al, 2014. Trends in timber production systems in the high forest zone of Ghana [J]. International Forestry Review, 16(3): 289-300.

Oet M V, Bianco T, Gramlich D, et al, 2013. SAFE: An early warning system for systemic banking risk [J]. Journal of Banking & Finance, 37(11): 4510-4533.

Ostfeld A, Salomons E, 2004. Optimal layout of early warning detection stations for water distribution systems security [J]. Journal of Water Resources Planning and Management, 130(5): 377-385.

Paivi P, Michael D H, 2013. Foresight on future demand for forest-based products and services [R]. European Forest Institute: 28-35.

Papadogeorgou G, Mealli F, Zigler C M, et al. , 2018. Causal impact of the hospital readmissions reduction program on hospital readmissions and mortality [J]. Preprint. Available at arXiv: 1809. 09590.

Prambudia Y, Nakano M, 2012. Integrated simulation model for energy security evaluation [J]. Energies, 5(12): 5086-5110.

Prestemon J P, Wear D N, 2000. Linking harvest choices to timber supply [J]. Forest Science, 46(3): 377-389.

Rahman M M, 2012. Analyzing the contributing factors of timber demand in Bangladesh [J]. Forest Policy & Economics, 25(12): 42-46.

Ramos N D, 2013. Early warning systems for economic crises in South Africa. [D]. University of the Witwatersrand.

Robinaugh D J, Millner A J, McNally R J, 2016. Identifying highly influential nodes in the complicated grief network [J]. Journal of Abnormal Psychology, 125(6): 747-757.

Sedjo R A, Lyon K S, 1996. Timber supply model 96: A global timber supply model with a pulpwood component [J]. Discussion Papers: 1-8.

Sevim C, Oztekin A, Bali O, et al, 2014. Developing an early warning system to predict currency crises [J]. European Journal of Operational Research, 237(3): 1095-1104.

Shen Y, Cao H, Tang M, et al, 2017. Thehuman threat to river ecosystems at the watershed scale: An ecological security assessment of the Songhua River Basin, Northeast China [J]. Water, 9(3): 219.

Simon C, Etienne M, 2009. A companion modelling approach applied to forest management planning with the Societe Civile desTerres du Larzac [J]. Environmental Modelling & Software: 1-4.

Sobel M E, 2006. What do randomized studies of housing mobility demonstrate? Causal inference in the face of interference. Journal of the American Statistical Association, 101(476): 1398-1407.

Sulaiman C, Abdul-Rahim A, 2015. The determinants of Nigeria's forest products trade balance [J]. International Journal of Economics & Management, 9(2): 54-79.

Sun X, Wang L, Zhenbin G U, 2004. A brief overview of China's timber market system [J]. International Forestry Review, 6(3-4): 221-226.

Syaifullah, 2012. Predicting Indonesian currency crises using early warning system models [D]. The University of Western Australia.

Tamadonejad A, Abdul-Majid M, Abdul-Rahman, et al, 2016. Early warning systems for banking crises_ political and economic stability [J], 50(2): 31-38.

Tchetgen E J T, Vander Weele T J, 2012. On causal inference in the presence of interference[J]. Statistical methods in medical research, 21(1): 55-75.

Trømborg E, Buongiorno J, Solberg B, 2000. The global timber market: Implications of changes in economic, growth timber supply, and technological trends[J]. Forest Policy & Economics, 1(1): 53-69.

Turner J A, Buongiorno J, Zhu S, 2006. An economic model of international wood supply, forest stock and forest area change[J]. Scandinavian Journal of Forest Research, 21(1): 73-86.

Verbesselt J, Hyndman R, Newnham G, et al., 2010. Detecting trend and seasonal changes in satellite image time series [J]. Remote Sensing of Environment, 114(1): 106-115.

Wang Z, Zhou J, Loaiciga H, et al, 2015. A DPSIR model for ecological security assessment through indicator screening: A case study at Dianchi Lake in China [J]. Plos One, 10(6): e0131732.

Wear D N, Pattanayak S K, 2003. Aggregate timber supply: From the forest to the market [J]. Forest in a Market Economy(72): 117-132.

Yamaguchi R, Aruga K, Nagasaki M, 2014. Estimating the annual supply potential and availability of timber and logging residue using forest management records of the Tochigi prefecture, Japan [J]. Journal of Forest Research, 19(1): 22-33.

Zhang D, Sun X, Butler B J, et al, 2015. Harvestingchoices and timber supply among landowners in the Southern United States [J]. Canadian Journal of Agricultural Economics/revue Canadienne Dagroeconomie, 63(3): 409-429.

Zhang Y, Chen S, 2021. Wood trade responses to ecological rehabilitation program: Evidence from China's new logging ban in natural forests [J]. Forest Policy and Economics, 122(C).

附表　世界森林资源变化趋势预测结果

表1　世界主要国家2021—2030年GDP平均增长率预测结果

国　家	5%分位数	中位数	95%分位数	国　家	5%分位数	中位数	95%分位数
安哥拉	-2.63	0.71	1.97	吉尔吉斯斯坦	-0.25	2.06	2.86
阿尔巴尼亚	0.95	2.14	2.88	韩国	-0.37	0.51	0.94
阿拉伯联合酋长国	1.39	2.92	3.88	科威特	0.60	1.64	2.00
阿根廷	-0.38	1.12	1.44	老挝	5.27	5.78	5.97
亚美尼亚	2.51	4.11	5.20	黎巴嫩	-1.75	2.76	3.79
澳大利亚	2.12	2.45	2.69	圣卢西亚	-0.73	-0.14	0.13
奥地利	0.91	1.66	1.92	斯里兰卡	4.14	4.63	4.88
阿塞拜疆	2.02	3.61	5.9	莱索托	3.05	3.18	3.32
布隆迪	0.09	1.02	1.24	卢森堡	1.18	2.99	3.59
比利时	1.06	1.79	1.95	摩洛哥	3.68	4.22	4.33
贝宁	2.64	3.57	4.04	马达加斯加	1.83	2.24	2.56
布基纳法索	3.86	5.01	5.35	墨西哥	0.75	1.86	2.40
孟加拉国	7.21	7.56	7.70	北马其顿	2.54	2.79	2.98
保加利亚	0.82	1.93	2.50	马里	2.86	3.92	4.48
巴林	1.94	3.04	3.57	缅甸	5.88	6.47	6.65
巴哈马	-0.97	0.11	0.45	蒙古	4.02	4.98	5.56
白俄罗斯	2.01	2.39	2.63	莫桑比克	4.05	5.69	6.38
伯利兹	2.39	3.04	3.34	毛里塔尼亚	0.92	2.51	3.33
玻利维亚	3.64	3.85	3.94	毛里求斯	1.92	2.49	2.65
巴西	-0.14	1.32	1.89	马拉维	2.39	3.42	3.79
巴巴多斯	-1.60	-0.31	0.17	马来西亚	3.64	4.90	5.17
文莱	-1.11	-0.22	0.10	尼日尔	2.34	3.64	4.12
不丹	4.73	6.30	6.91	尼日利亚	1.62	2.59	3.12
博茨瓦纳	2.77	4.27	4.66	尼加拉瓜	0.37	1.02	1.37
中非	-1.64	0.70	1.35	荷兰	1.17	2.03	2.38
加拿大	1.79	2.39	2.58	挪威	0.88	1.64	1.87
瑞士	0.86	1.40	1.71	尼泊尔	3.27	4.21	4.40
智利	1.89	2.31	2.49	新西兰	1.81	2.37	2.61
中国	6.85	7.68	7.96	阿曼	1.94	3.26	3.87
科特迪瓦	2.88	4.66	5.45	巴基斯坦	4.03	4.62	4.96
喀麦隆	1.32	2.30	2.73	巴拿马	3.41	6.03	7.30
刚果(布)	-2.25	-0.02	1.04	秘鲁	0.32	2.63	3.49
哥伦比亚	1.90	2.64	2.94	菲律宾	5.13	6.78	7.47
佛得角	3.69	4.66	5.21	巴布亚新几内亚	1.29	2.87	3.67
哥斯达黎加	3.16	3.76	4.13	波兰	3.90	4.06	4.18
古巴	-0.34	1.06	1.77	葡萄牙	1.09	1.74	2.04

（续）

国　家	5%分位数	中位数	95%分位数	国　家	5%分位数	中位数	95%分位数
塞浦路斯	1.32	2.88	3.40	巴拉圭	2.38	3.44	3.86
捷克	0.85	1.41	1.81	罗马尼亚	4.00	4.84	5.22
德国	0.60	1.40	1.73	俄罗斯	0.18	0.63	1.11
多米尼克	−0.15	0.64	1.09	卢旺达	3.39	4.75	5.65
丹麦	0.84	1.43	1.72	沙特阿拉伯	1.60	2.27	2.87
多米尼加共和国	3.30	4.37	4.79	苏丹	2.04	3.57	4.38
阿尔及利亚	1.76	2.22	2.33	塞内加尔	5.39	5.92	6.08
厄瓜多尔	2.36	2.60	2.77	新加坡	3.73	5.05	5.73
埃及	3.49	4.10	4.54	所罗门群岛	1.24	2.55	3.23
西班牙	1.00	1.90	2.25	塞拉利昂	−1.99	1.62	2.86
埃塞俄比亚	9.97	11.13	11.62	萨尔瓦多	0.93	1.89	2.30
芬兰	0.62	1.38	1.82	苏里南	0.85	1.10	1.33
斐济	1.80	2.07	2.30	斯洛伐克	1.68	2.89	3.31
法国	0.78	1.33	1.56	斯洛文尼亚	1.95	2.28	2.53
加蓬	−1.34	0.77	1.65	瑞典	1.13	1.89	2.17
英国	1.16	1.64	1.86	乍得	1.14	3.83	4.46
格鲁吉亚	−2.23	0.88	2.55	多哥	0.70	2.49	3.18
加纳	4.29	5.28	5.64	泰国	2.13	3.55	4.20
几内亚	4.44	5.02	5.27	塔吉克斯坦	4.49	5.37	5.70
冈比亚	1.60	2.43	2.83	土库曼斯坦	1.72	5.29	6.44
几内亚比绍	0.08	2.61	3.24	汤加	0.55	1.39	1.77
赤道几内亚	−10.21	−0.63	3.46	特立尼达和多巴哥	−0.64	0.51	0.99
希腊	1.14	1.49	1.63	突尼斯	2.05	2.73	3.03
危地马拉	2.81	3.32	3.51	土耳其	3.30	4.29	4.50
圭亚那	1.24	2.42	2.98	坦桑尼亚	4.92	5.46	5.84
洪都拉斯	2.08	3.42	3.73	乌干达	5.23	5.80	6.04
海地	−1.07	0.21	0.64	乌克兰	−2.24	0.12	1.02
匈牙利	2.00	2.14	2.28	乌拉圭	1.27	2.18	2.54
印度尼西亚	3.00	4.41	4.79	美国	1.66	2.20	2.47
印度	6.36	6.89	7.14	乌兹别克斯坦	4.08	4.76	5.22
爱尔兰	3.70	5.82	6.89	圣文森特和格林纳丁斯	−0.11	0.41	0.57
伊朗	−1.52	1.66	2.82	委内瑞拉	−11.16	−10.10	−9.30
伊拉克	−3.78	5.15	7.80	越南	6.43	6.57	6.63
以色列	2.67	3.47	3.83	瓦努阿图	1.13	2.23	2.75
意大利	−0.46	−0.29	−0.14	萨摩亚	1.61	2.32	2.50
牙买加	−0.05	0.88	1.32	也门	−24.58	−23.91	−23.51
日本	−0.35	0.79	1.22	南非	3.93	5.14	5.69
哈萨克斯坦	0.35	0.84	1.22	赞比亚	3.43	3.70	3.93
肯尼亚	3.30	4.54	4.90				

表 2 世界主要国家森林资源可持续计算结果

国　　家	森林蓄积量	森林采伐量	RP 值	国　　家	森林蓄积量	森林采伐量	RP 值
阿富汗	53333375	3892731	13	韩国	677871845	4580831	148
安哥拉	2352585903	5201250	455	老挝	1040699903	7138149	146
阿尔巴尼亚	81869066	601633	161	黎巴嫩	14044043	2027547	88
阿拉伯联合酋长国	15452076	18070	858	利比里亚	798982177	7779415	103
阿根廷	3068364871	14713581	211	圣卢西亚	17266547	919452	342
亚美尼亚	75064380	2458429	213	斯里兰卡	114997452	6516095	17
澳大利亚	28499853130	21745078	1632	莱索托	6125480	2476698	2
奥地利	1286952774	17904062	72	立陶宛	535257881	6339871	85
阿塞拜疆	177478771	2905931	7792	卢森堡	29545639	324259	93
比利时	220599032	5050358	43	拉脱维亚	702339294	12306130	57
贝宁	249409761	7087650	34	摩洛哥	228442181	7564778	30
布基纳法索	330772129	9802483	38	摩尔多瓦	50713801	557635	104
孟加拉国	131499458	19671907	10	马达加斯加	2343233355	13194043	179
保加利亚	633965406	5562602	114	马尔代夫	3090143	974386	4
巴哈马	98098553	1311488	846	墨西哥	5305888613	45331721	117
波斯尼亚和黑塞哥维那	403240526	4030420	100	北马其顿	85917684	732289	119
白俄罗斯	1551861194	11530915	144	马里	179948777	6310280	28
伯利兹	238018529	171933	1387	缅甸	2008800581	44517033	45
玻利维亚	4410191581	3207600	1382	黑山	94839898	752589	141
巴西	1.02E+11	2.42E+08	423	蒙古	1537341032	3224661	1105
巴巴多斯	7408398	935864	48	莫桑比克	1670957968	18974833	88
文莱	95283616	1380877	334	毛里塔尼亚	10487761	2687456	4
博茨瓦纳	773951952	770188	1006	毛里求斯	3097153	10439	385
中非	3837300968	2784067	1380	马拉维	456210377	7172449	63
加拿大	48756793316	1.47E+08	344	马来西亚	4915119226	23069116	216
瑞士	477586361	5042666	97	纳米比亚	199837148	1253916	161
智利	3559563097	51362431	70	尼日尔	40058148	8232002	6
中国	16843660968	3.26E+08	52	尼日利亚	1213624187	73709096	17
科特迪瓦	2746179774	11160724	246	尼加拉瓜	601140735	6291018	95
喀麦隆	6694340613	12568969	535	荷兰	80923429	1222173	67
刚果(金)	36824157097	83439179	444	挪威	1074473742	10072590	107
刚果(布)	4595073355	3521695	1314	尼泊尔	831811097	14249141	58
哥伦比亚	9908152216	12216177	813	新西兰	4055298710	23271182	176
科摩罗	9784870	1360113	10	阿曼	2868471	1619451	3
佛得角	32465313	1360660	44	巴基斯坦	192651261	34945694	6
哥斯达黎加	348431542	4732120	74	巴拿马	796162716	1343379	593
塞浦路斯	16306192	1377075	433	秘鲁	8427679419	8904526	947
捷克	899074071	16017605	56	菲律宾	1413476419	16592652	85
德国	4250228806	71719304	59	巴布亚新几内亚	5297117387	8926921	596
多米尼克	17179928	741751	474	波兰	2338487774	35608026	66

（续）

国　家	森林蓄积量	森林采伐量	RP 值	国　家	森林蓄积量	森林采伐量	RP 值
丹麦	134634181	3012615	46	葡萄牙	321936674	11137359	28
多米尼加共和国	149356903	3295239	86	巴拉圭	3050969254	8735390	371
阿尔及利亚	158377026	8184803	19	罗马尼亚	1572281161	14705074	107
厄瓜多尔	3303709387	6859141	484	俄罗斯	82684695161	1.85E+08	448
埃及	73057139	13574746	7	卢旺达	109415339	5927972	18
西班牙	1167756613	15982914	73	沙特阿拉伯	10867639	257032	42
爱沙尼亚	545529894	7737367	73	塞内加尔	396760565	6510600	60
埃塞俄比亚	436312258	57573268	27	新加坡	6749149	1808546	30
芬兰	2741347226	53509397	51	所罗门群岛	302003174	18451057	89
斐济	251167507	1896192	244	塞拉利昂	187728200	6340882	29
法国	3024298645	54900002	56	萨尔瓦多	63919168	4568350	15
密克罗尼西亚	22446175	821634	3794	塞尔维亚	372348629	5807976	73
加蓬	5234446613	3669624	1469	苏里南	3830706194	357593	11445
英国	630573684	9537168	66	斯洛伐克	574052239	8326231	69
格鲁吉亚	456265306	635525	760	斯洛文尼亚	396513729	3197028	127
加纳	775865123	41690338	18	瑞典	3619092645	73943439	49
几内亚	666656361	13176887	50	斯威士兰	43868997	2228357	19
冈比亚	26295127	848182	31	塞舌尔	9044678	744563	129
几内亚比绍	97373519	3026963	31	多哥	53456712	4799974	11
赤道几内亚	294498381	1251299	246	泰国	1791320323	34347020	52
希腊	191923055	1477655	133	特立尼达和多巴哥	25848287	107354	249
危地马拉	717947187	18954610	38	突尼斯	77334269	4224952	16
圭亚那	3018853161	1275822	2372	土耳其	1435765258	20029408	72
洪都拉斯	770902035	9504685	81	坦桑尼亚	3929487613	26077815	151
克罗地亚	426768597	4512940	95	乌干达	150265990	44801978	3
匈牙利	402216613	5815216	69	乌克兰	2143404581	15850495	137
印度尼西亚	13876857097	1.25E+08	111	乌拉圭	235843446	10245398	24
印度	8764788355	3.7E+08	23	美国	41288796129	4.18E+08	99
爱尔兰	105006158	2797847	37	乌兹别克斯坦	24604011	32091	762
伊朗	506748271	753627	688	圣文森特和格林纳丁斯	12863187	795323	283
以色列	16928921	2226214	113	委内瑞拉	7901833331	7951381	1091
意大利	1285766871	12295198	105	越南	1301161935	44007652	29
牙买加	70749398	2346319	48	瓦努阿图	120394605	1307388	440
日本	4326189334	17163357	254	萨摩亚	57051249	1089995	266
肯尼亚	989547258	27482755	36	也门	16642428	3092822	9
吉尔吉斯斯坦	33288850	36861	913	南非	1016461968	31872560	32
柬埔寨	1149682677	9075206	127	赞比亚	3061770871	23030349	134
				津巴布韦	778901194	9594642	81

注：2000—2019 年森林蓄积量（立方米）、采伐量（立方米）和 RP 值的均值。

附图　贝叶斯检验结果

Stage Ⅰ

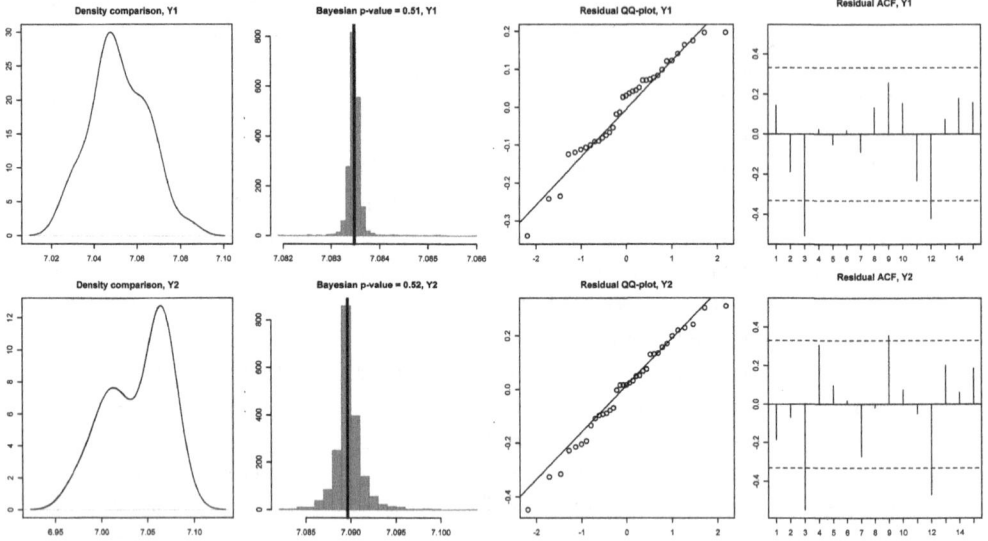

Stage Ⅱ

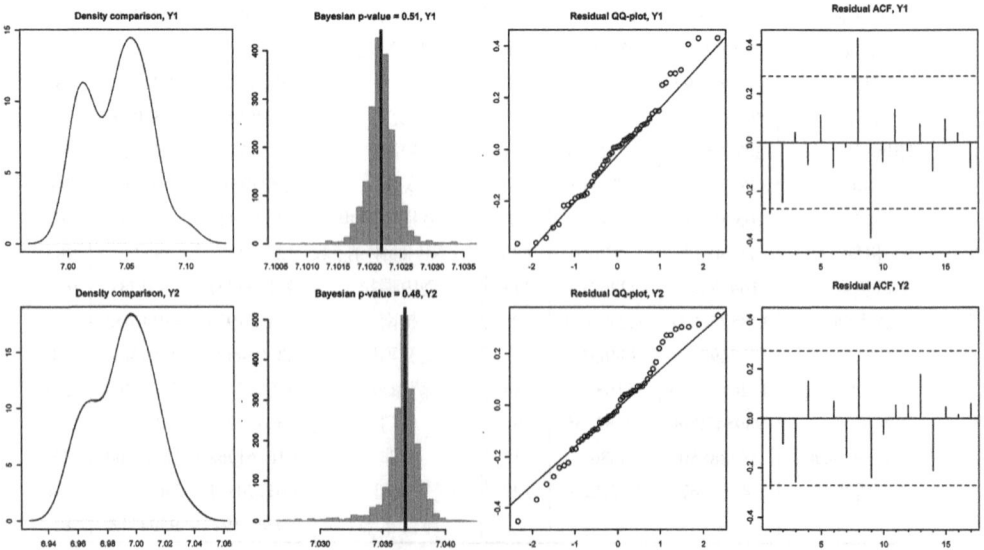

Stage Ⅲ

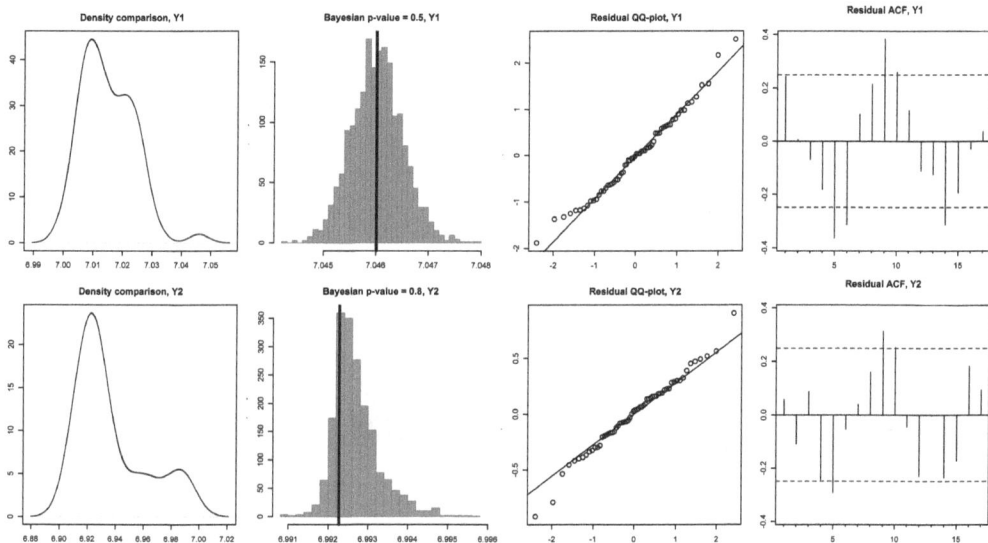

图 1　MBSTS 后验预测检验

Stage Ⅰ

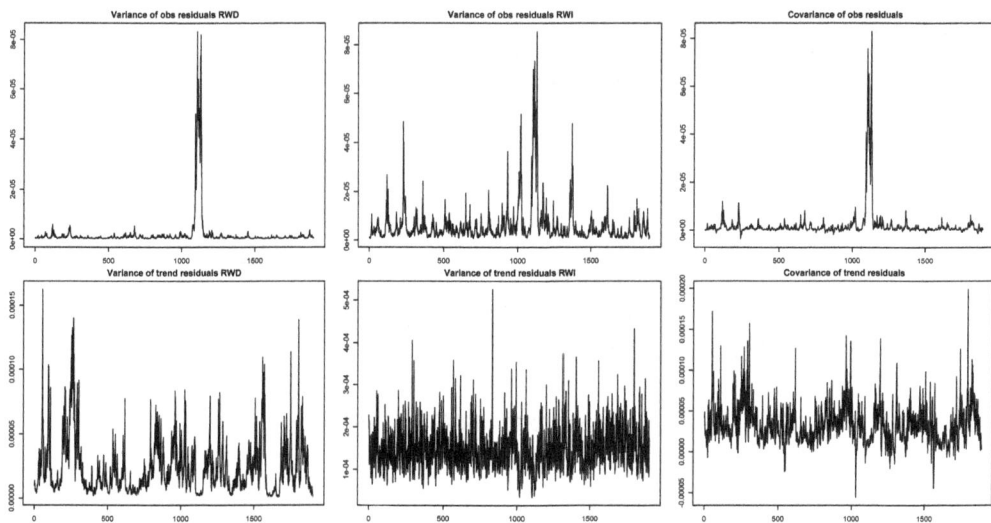

Stage Ⅱ

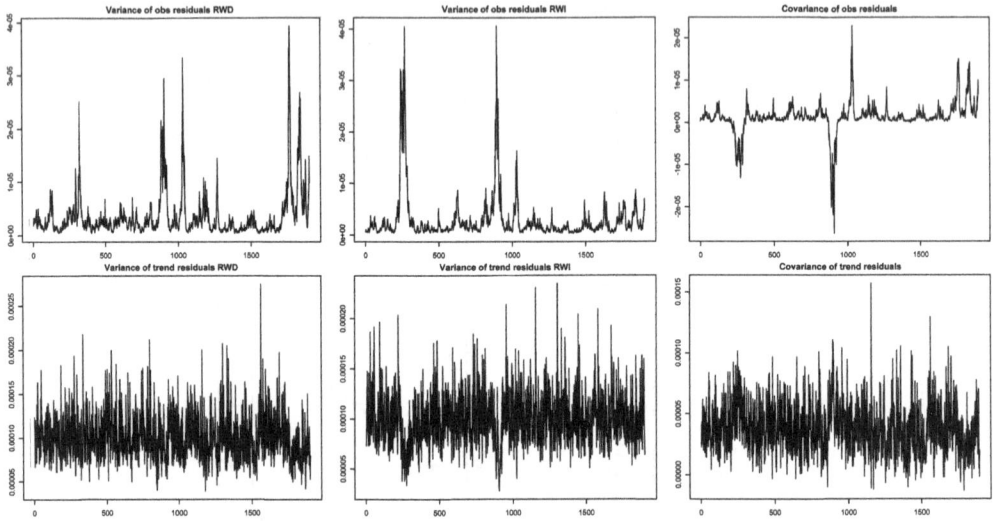

Stage Ⅲ

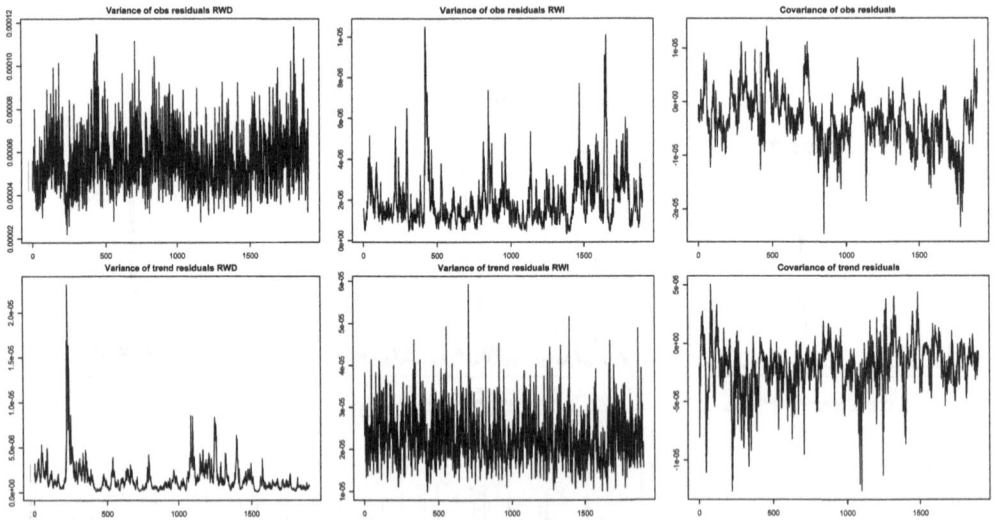

图 2 MBSTS 模型马尔科夫收敛检验

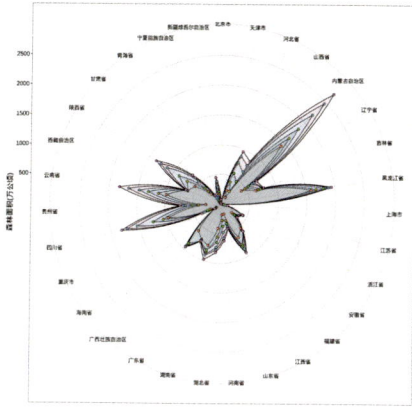

（1）森林面积

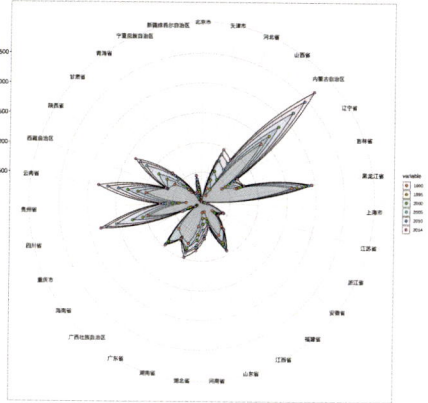

（2）森林采伐量

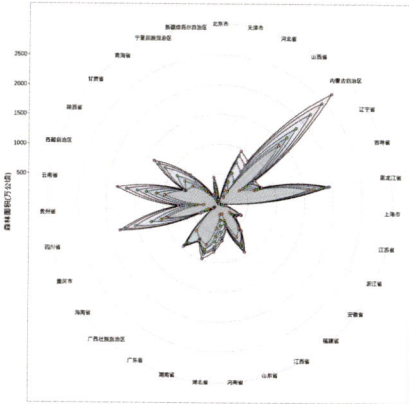

（3）蓄积增长量

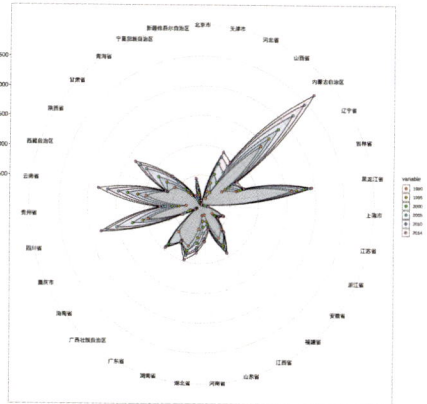

（4）森林枯损量

彩图1　各省份森林面积、采伐量、蓄积增长量和枯损量

数据来源：模拟历史模拟结果。

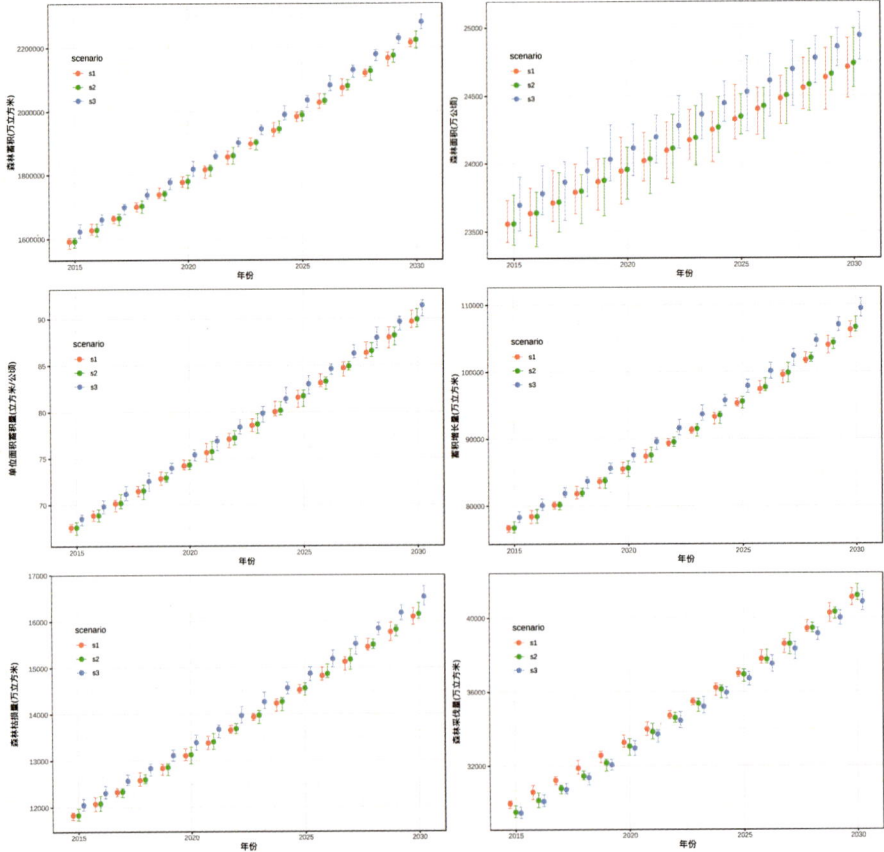

彩图2　中国森林资源变化趋势预测结果

数据来源：利用模型蒙特卡洛模拟计算。

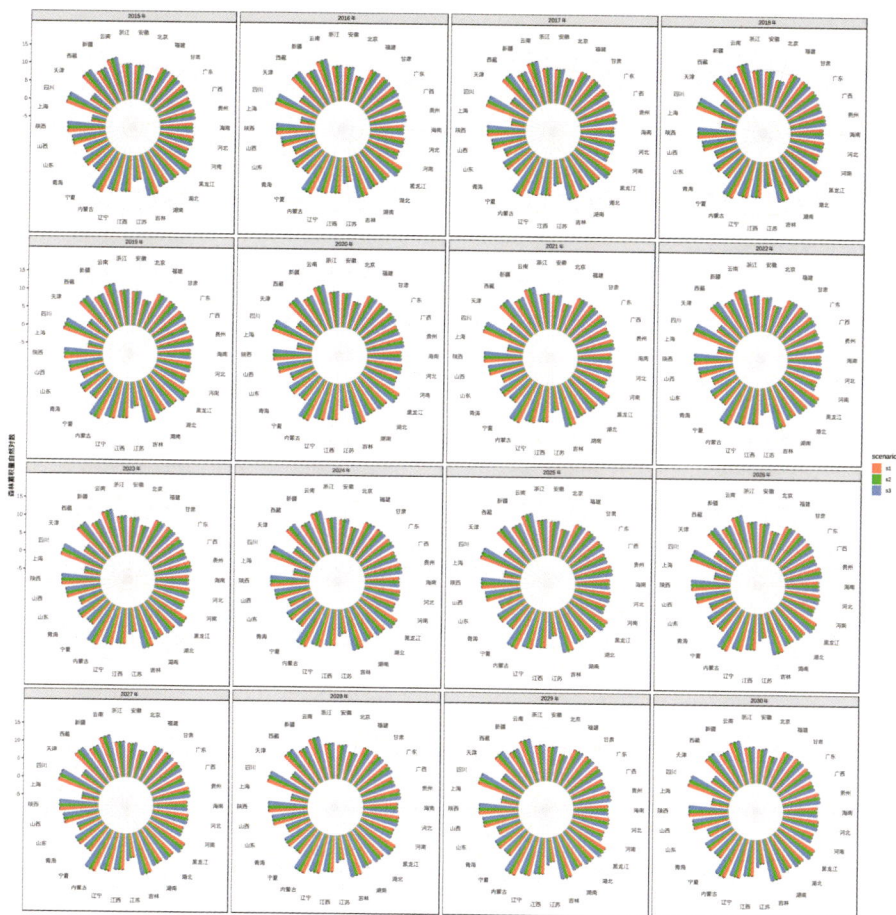

彩图3　主要省份森林蓄积量预测结果

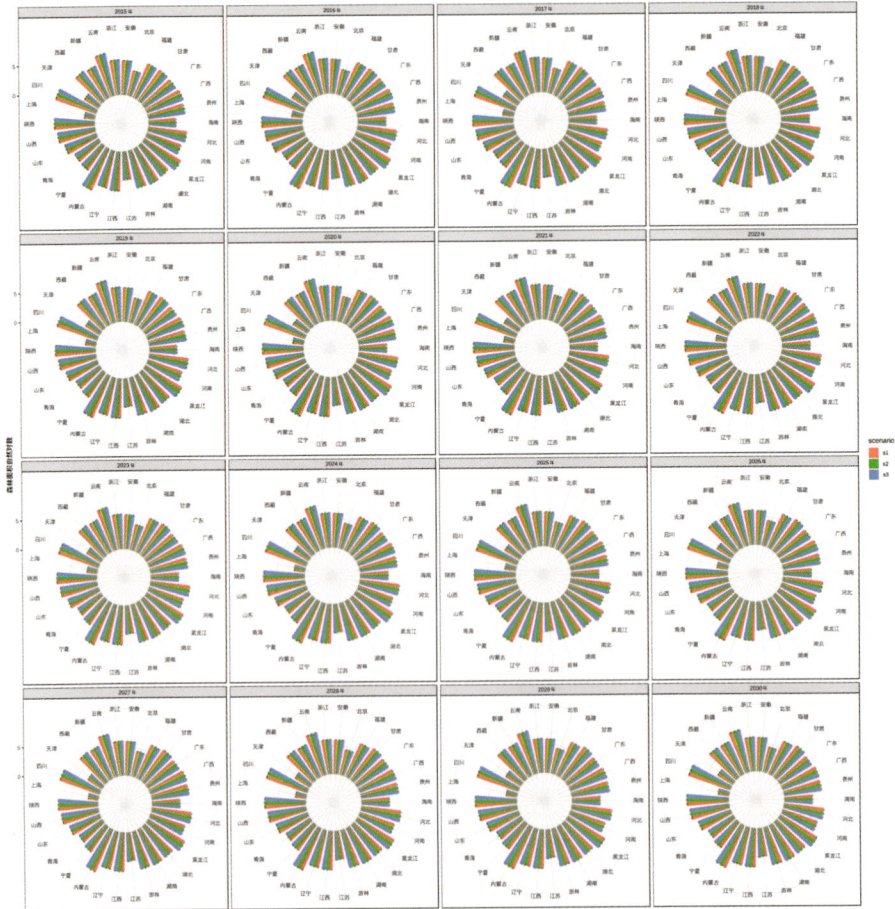

彩图4　主要省份森林面积预测结果

彩图5　主要省份森林单位面积蓄积量预测结果

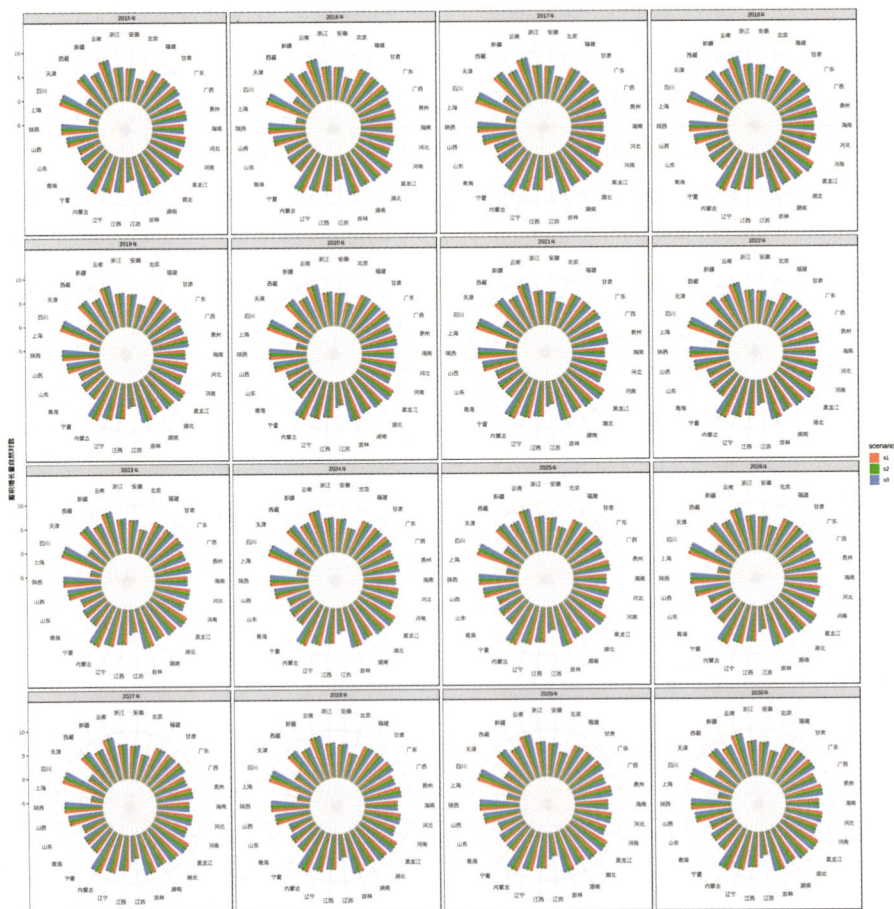

彩图6　主要省份森林蓄积增长量预测结果

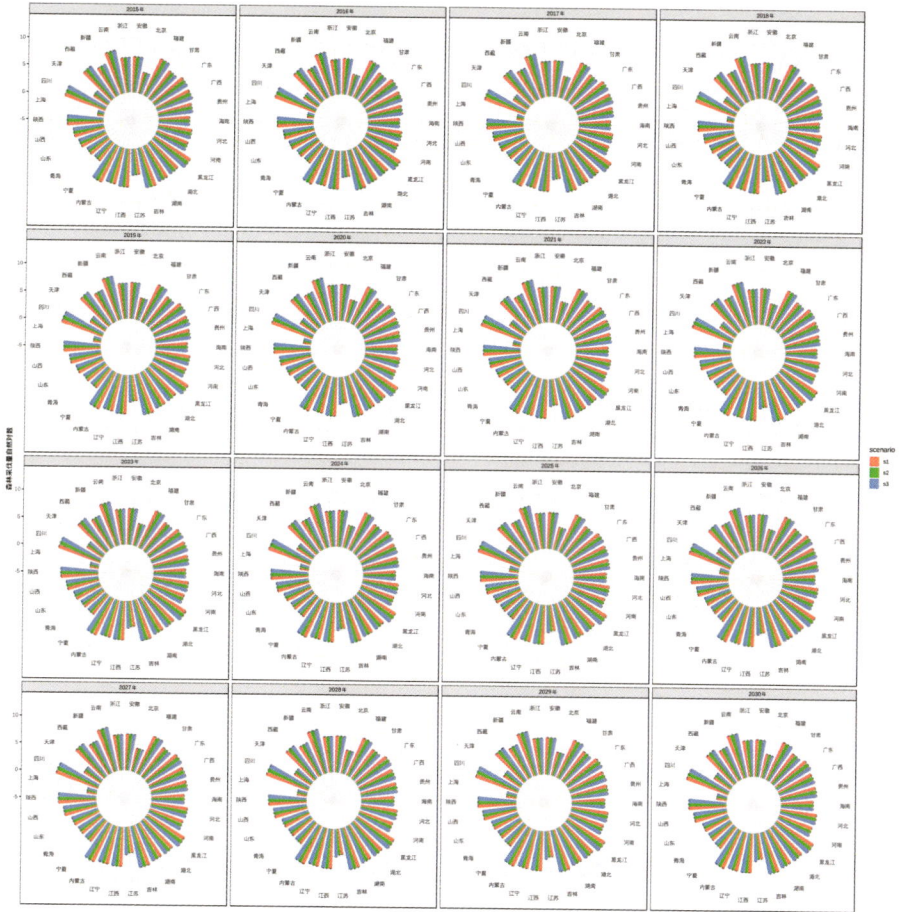

彩图7 主要省份森林采伐量预测结果

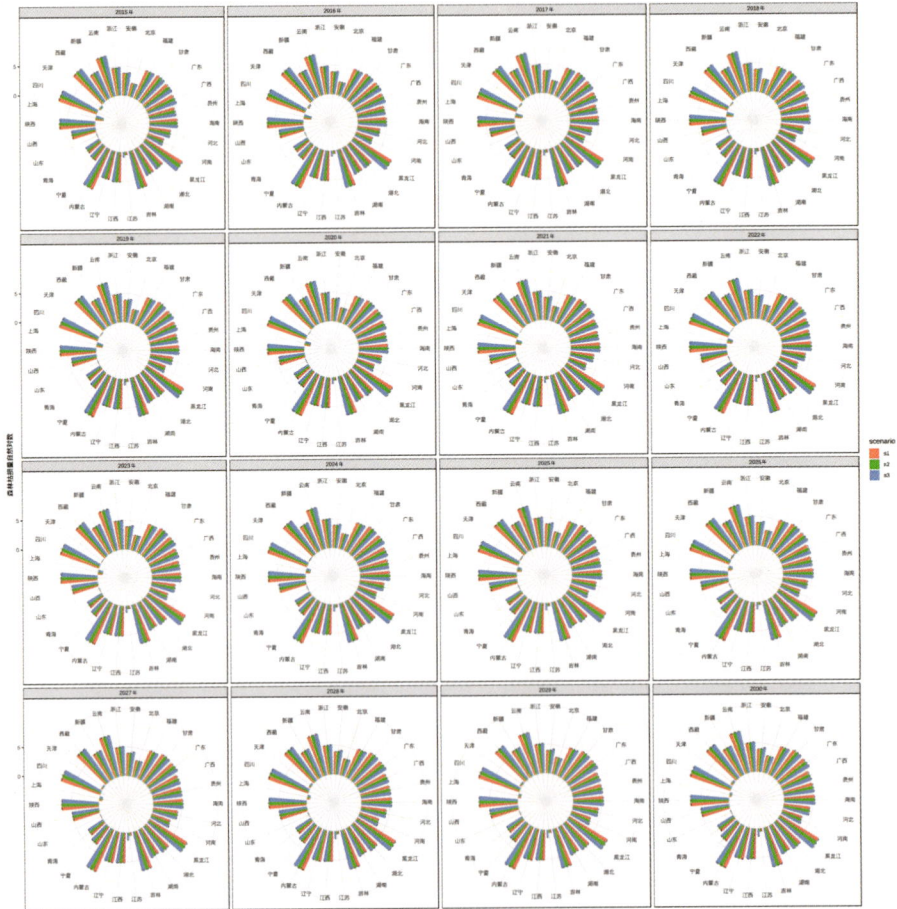

彩图8　主要省份森林采枯损量预测结果

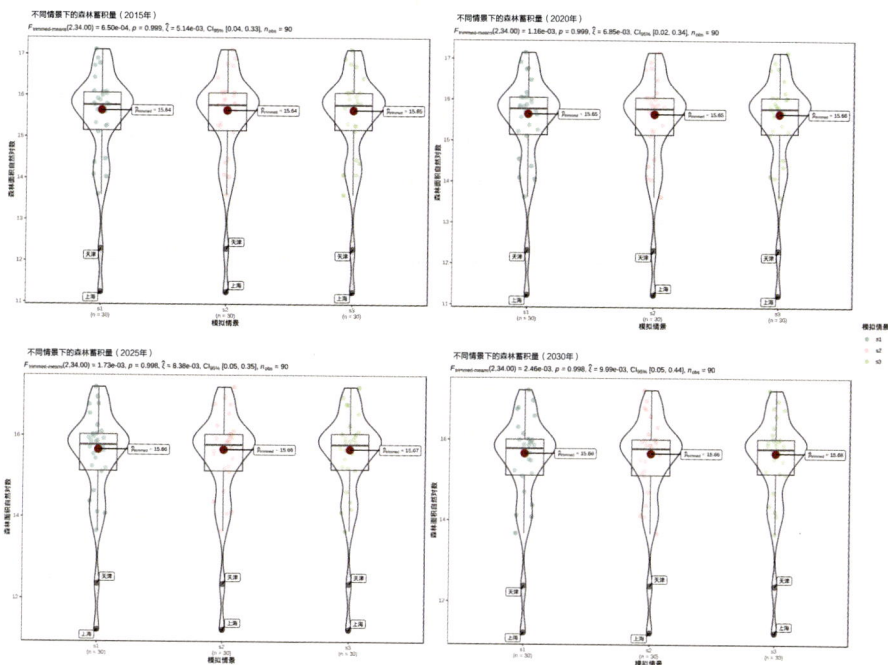

（1）森林蓄积量

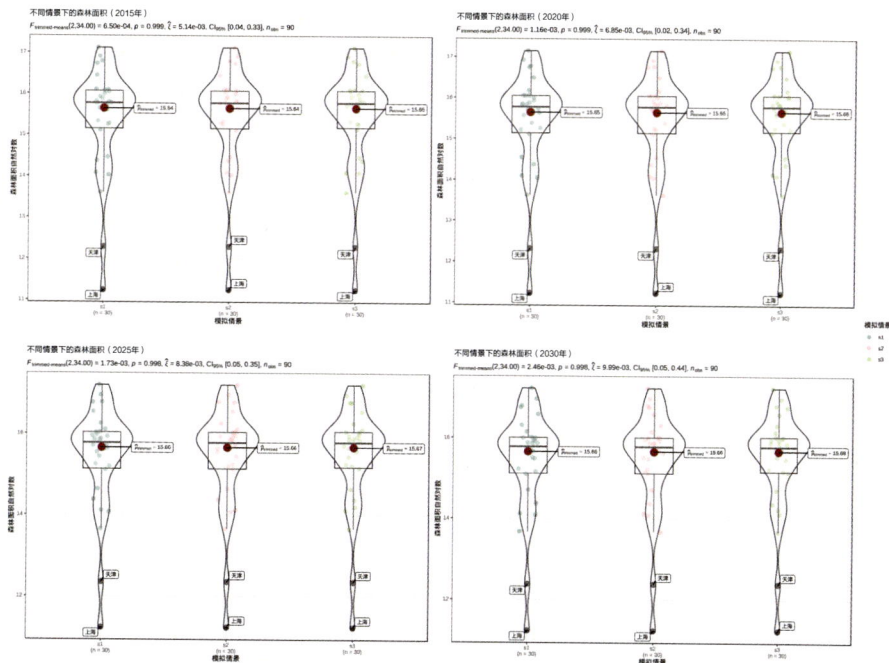

（2）森林面积

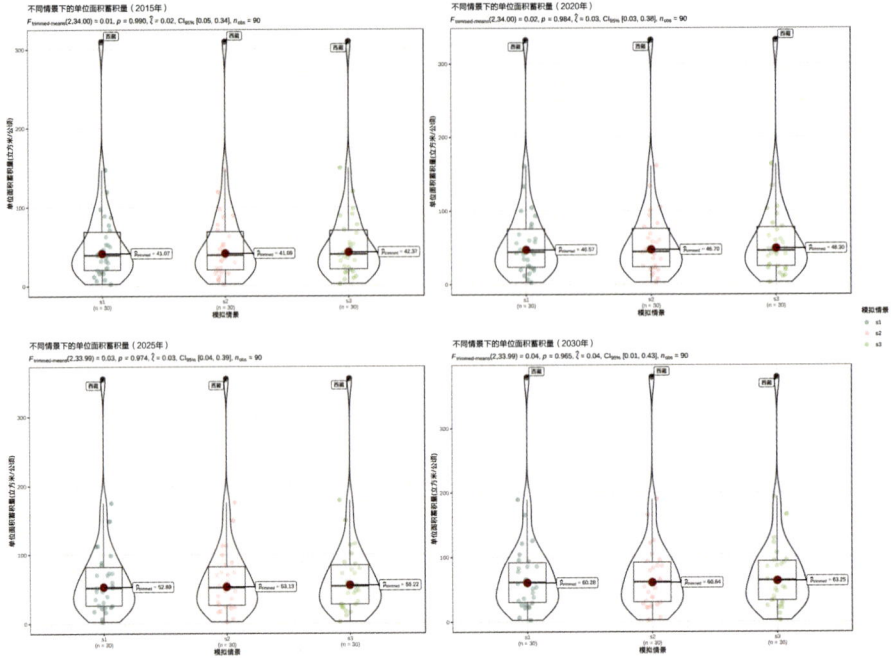

（3）单位面积蓄积量

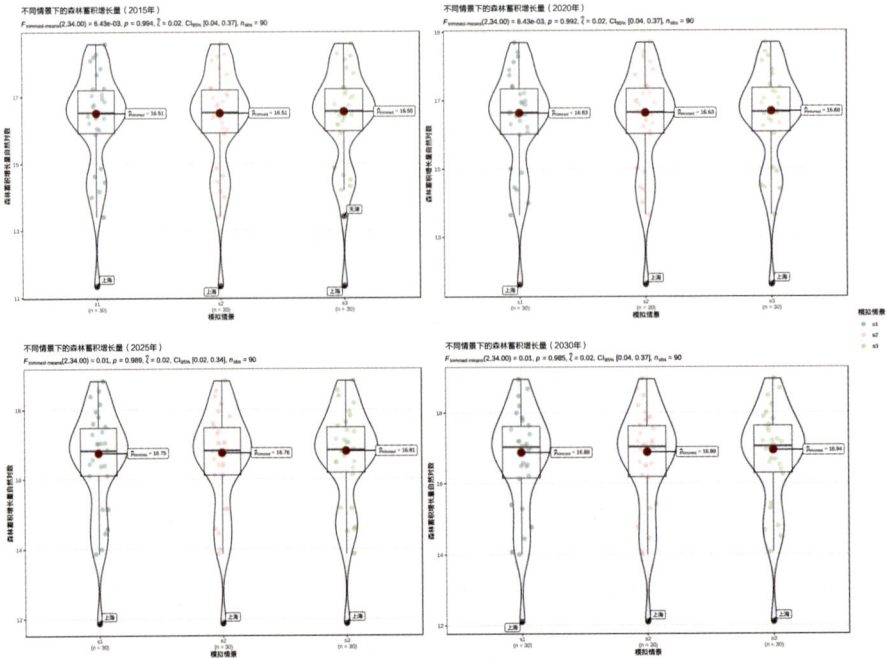

（4）蓄积增长量

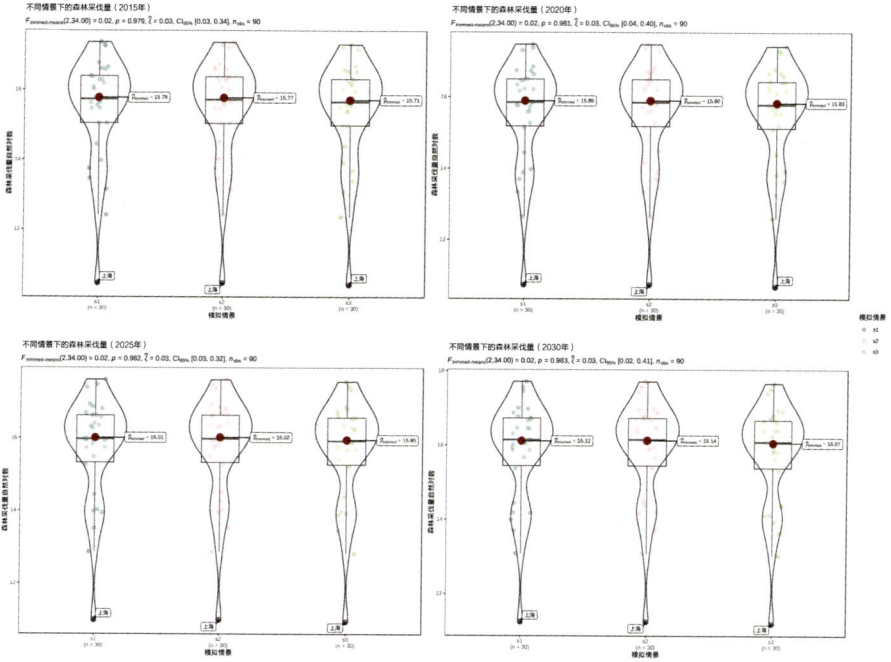

（5）森林采伐量

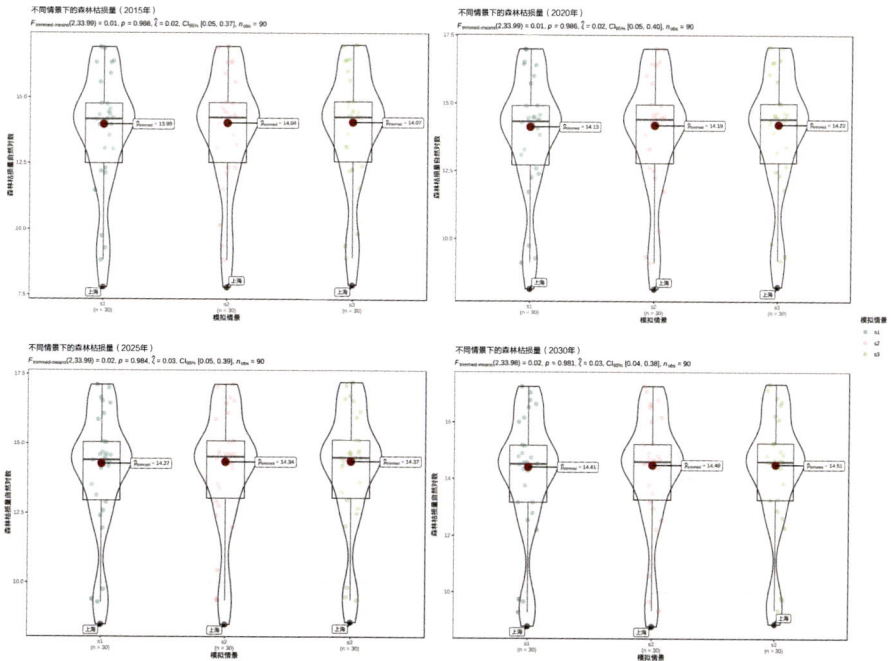

（6）森林枯损量

彩图9　不同情景森林资源变化对比

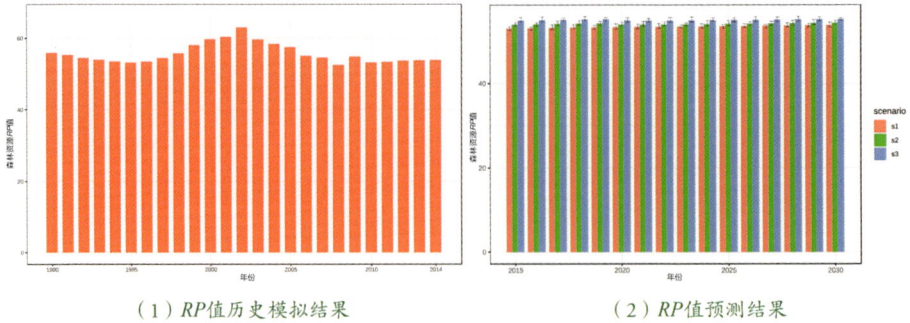

（1）RP值历史模拟结果　　　　　　　　　　　（2）RP值预测结果

彩图10　中国森林资源RP值

数据来源：利用R语言计算。

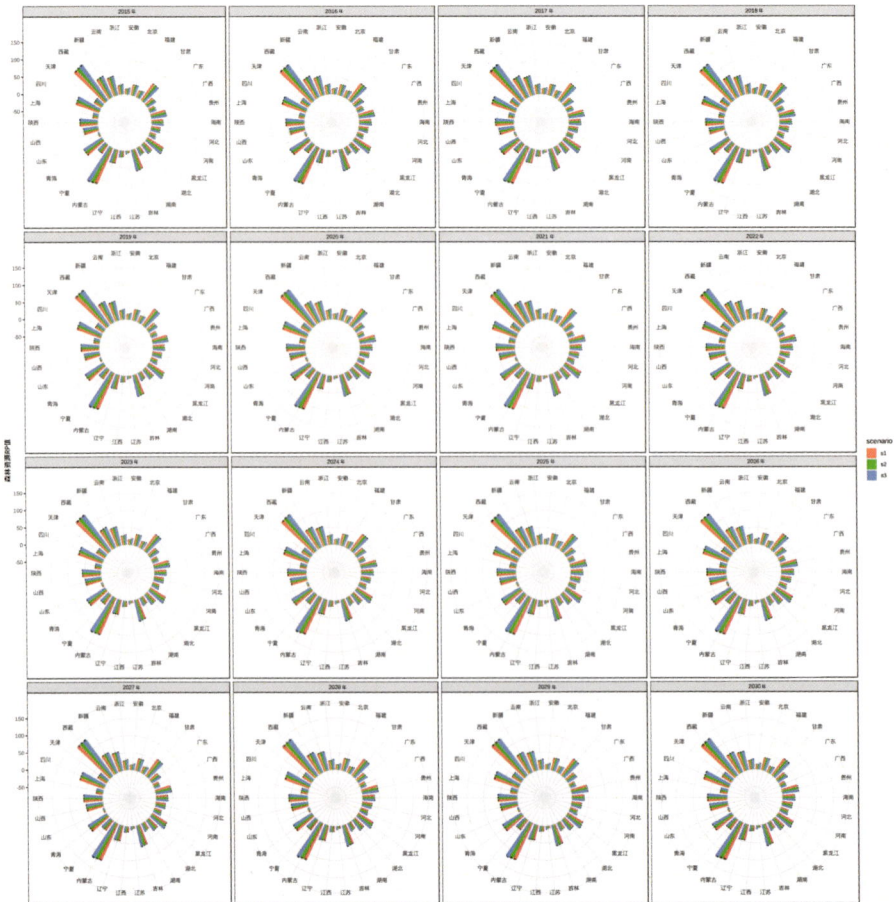

彩图11　各省份RP值预测结果

数据来源：模型预测结果。

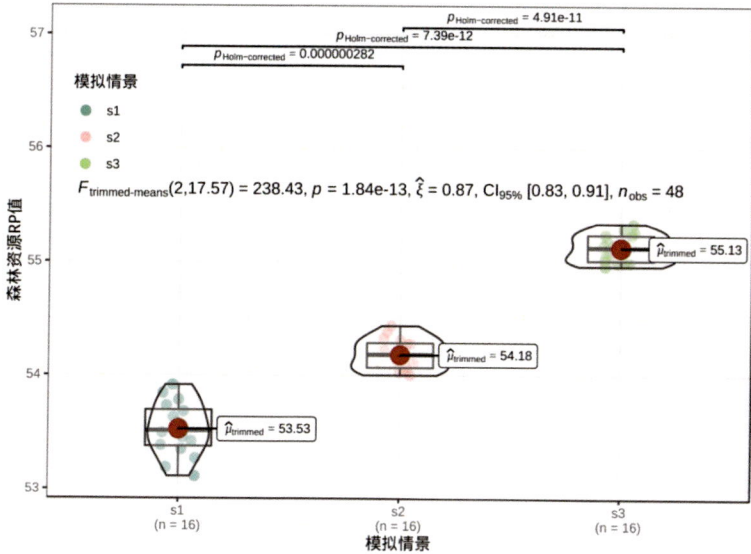

彩图12　不同情境下森林资源可持续性比较

注：利用R语言计算。

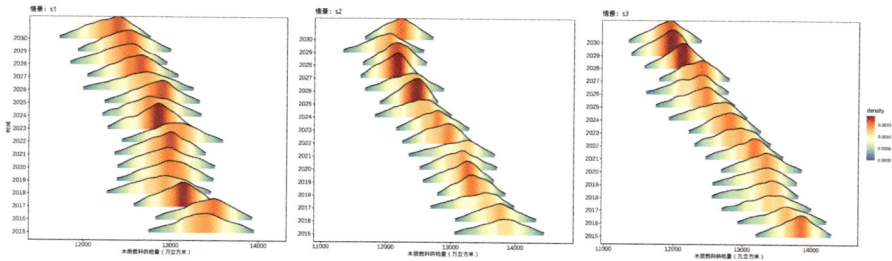

彩图13　三种模拟情境下中国原木供给量仿真结果

数据来源：利用天然林禁伐仿真模型进行蒙特卡洛模拟获得。

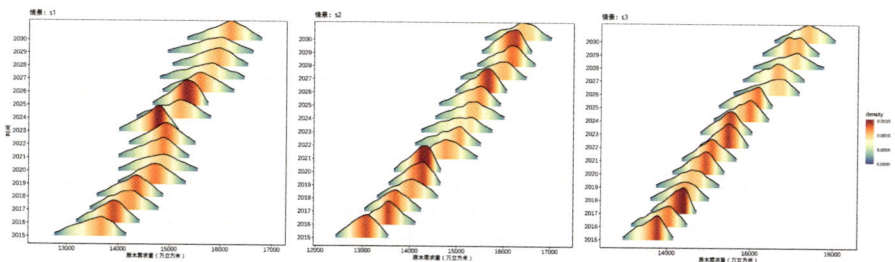

彩图14　三种模拟情境下中国原木需求量仿真结果

数据来源：利用天然林禁伐仿真模型进行蒙特卡洛模拟获得。

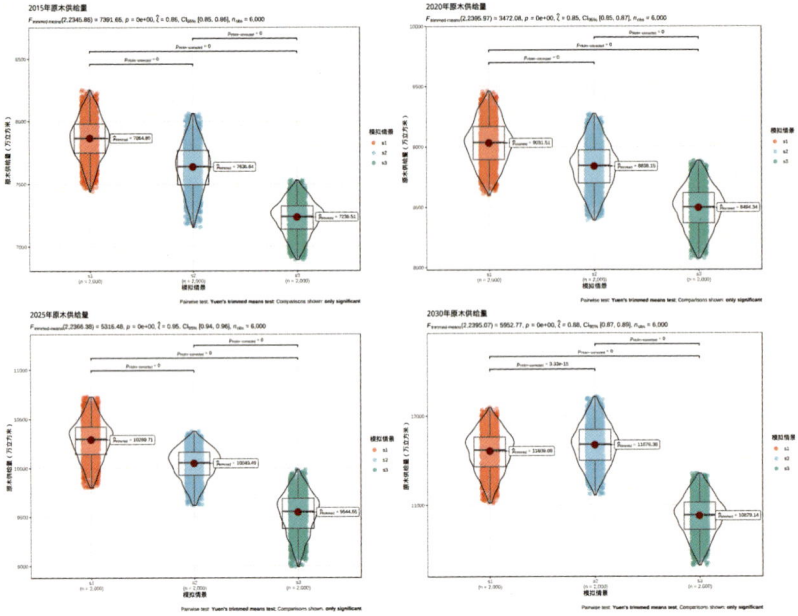

彩图15　天然林禁伐对原木供给影响

数据来源：利用R语言模拟结果比较分析。

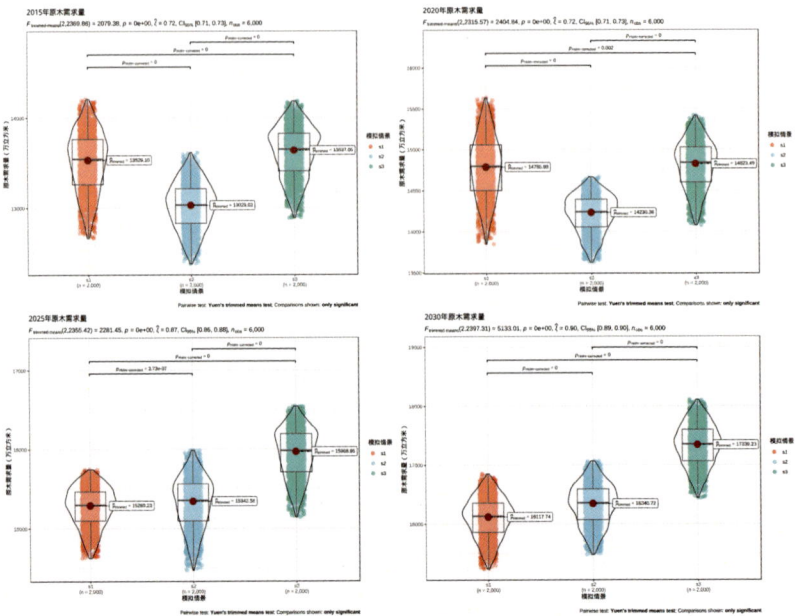

彩图16　天然林禁伐对原木需求影响

数据来源：利用R语言模拟结果比较分析。

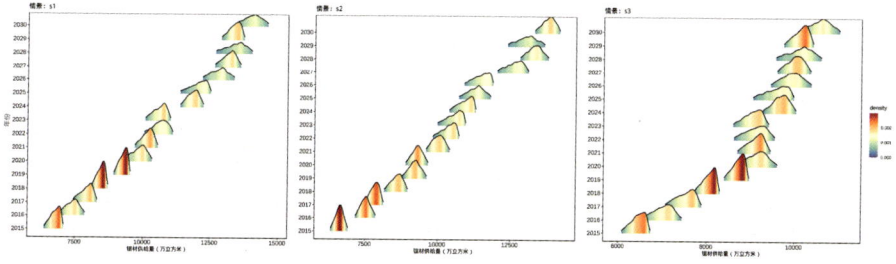

彩图17　锯材供给量模拟结果

数据来源：利用天然林禁伐仿真模型进行蒙特卡洛模拟获得。

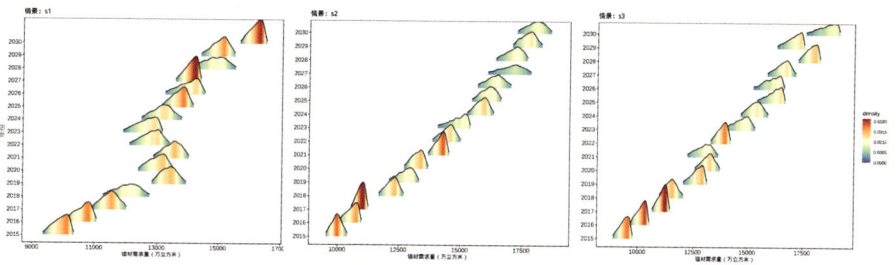

彩图18　中国锯材需求量模拟结果

数据来源：利用天然林禁伐仿真模型进行蒙特卡洛模拟获得。

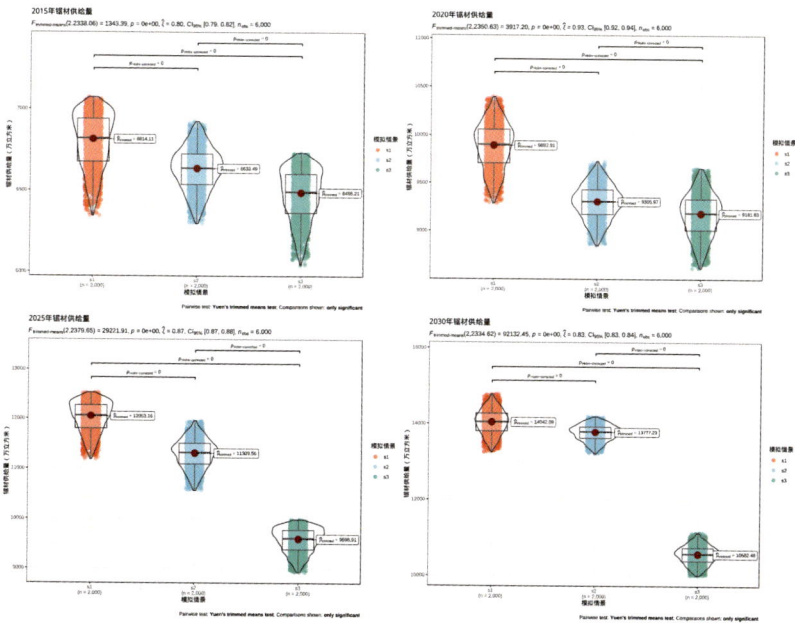

彩图19　天然林禁伐对锯材供给量影响

数据来源：利用R语言模拟结果比较分析。

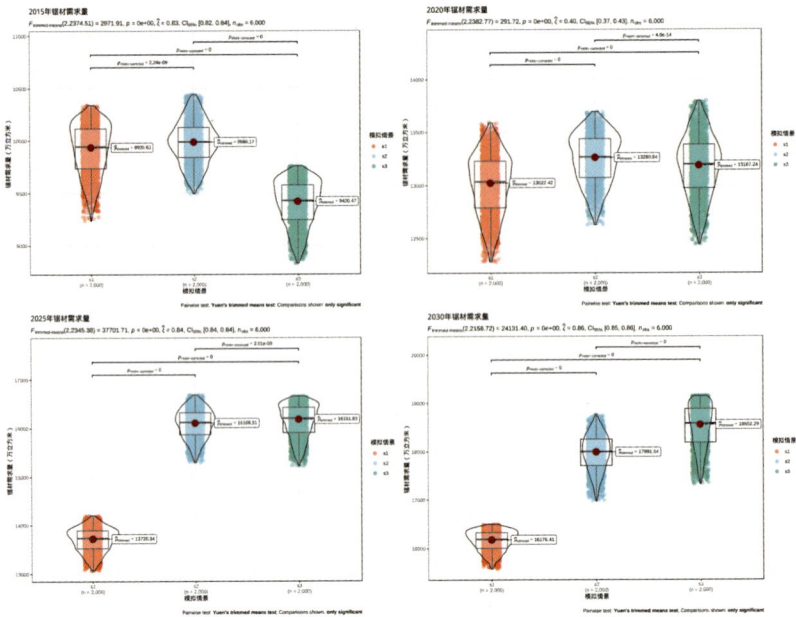

彩图20　天然禁伐对锯材需求量影响

数据来源：利用R语言模拟结果比较分析。

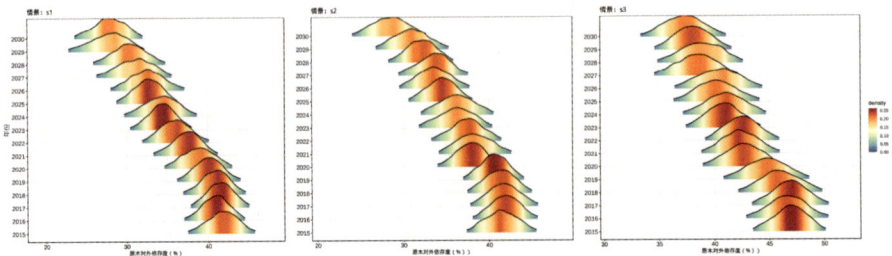

彩图21　中国原木对外依存度变化趋势

数据来源：利用模拟结果计算。

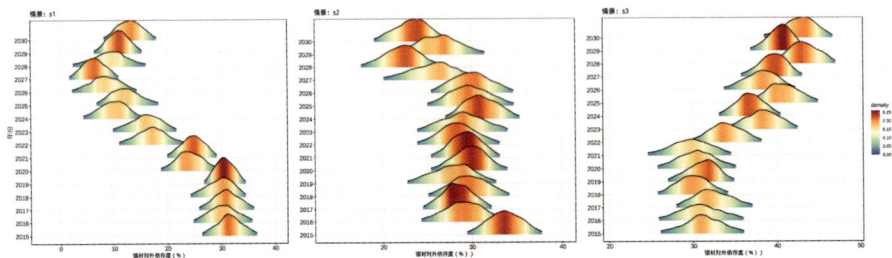

彩图22　中国锯材对外依存度变化趋势

数据来源：利用模拟结果计算。

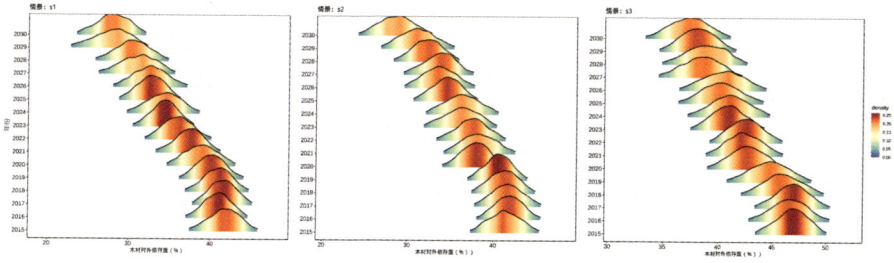

彩图23　中国木材对外依存度变化趋势

数据来源：利用模拟结果计算。

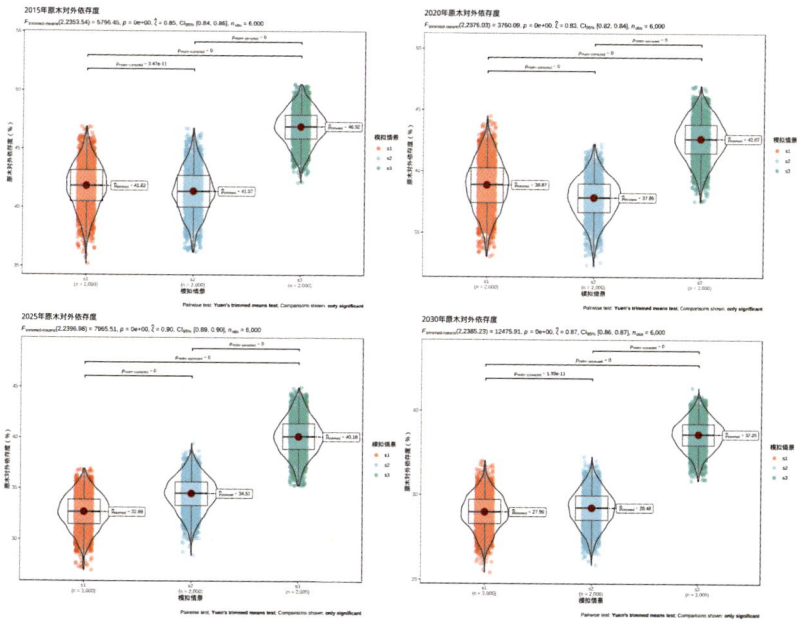

彩图24　原木对外依存度对比分析

数据来源：利用模拟结果计算。

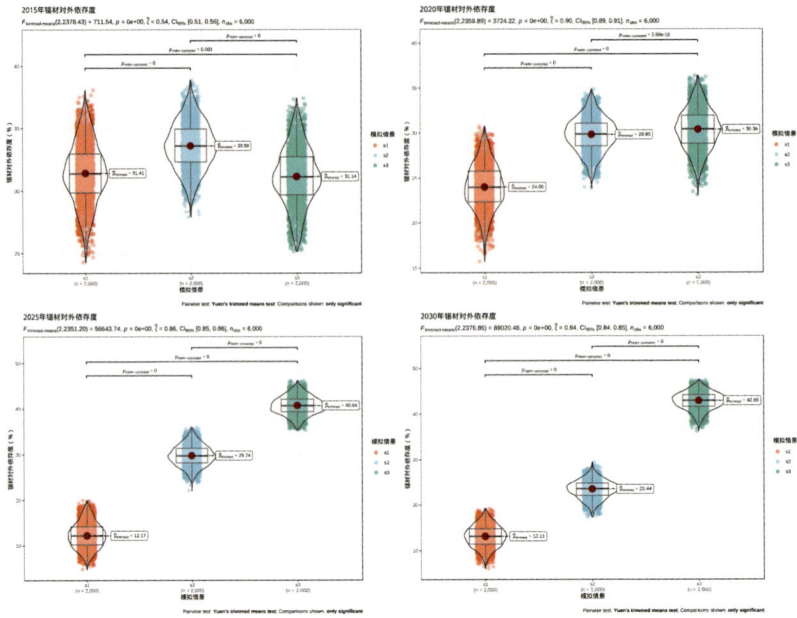

彩图25　锯材对外依存度对比

数据来源：利用模拟结果计算。

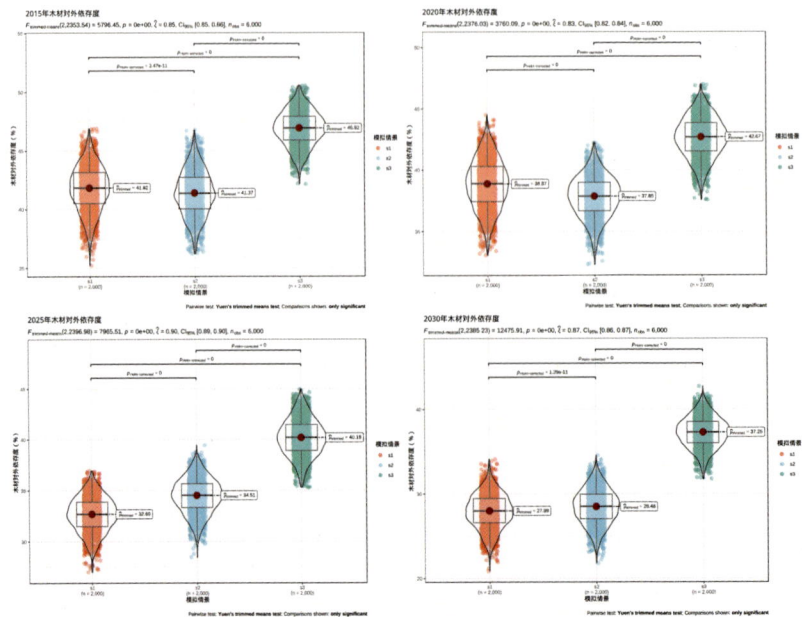

彩图26　木材对外依存度对比

数据来源：利用模拟结果计算。

（A）国内原木价格变化趋势　　　　　（B）原木进口价格变化趋势

（C）国内原木价格周期　　　　　　　（D）进口原木价格周期

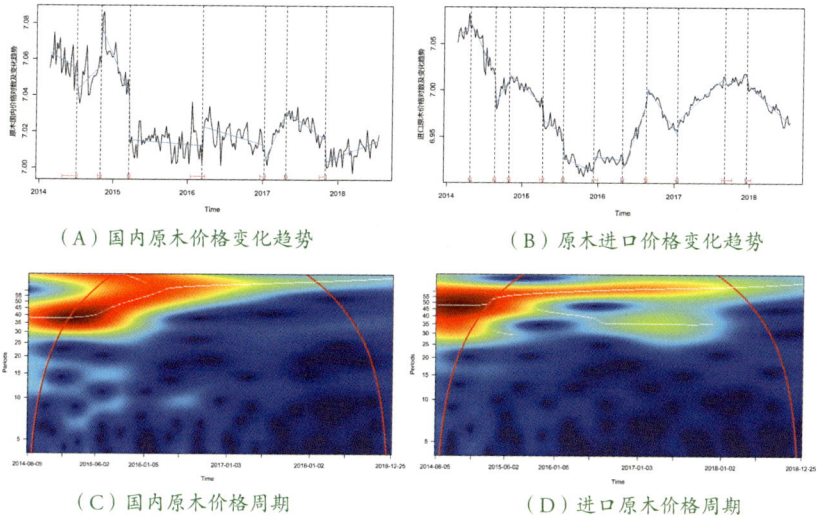

彩图27　国内原木价格和进口原木价格变化特征分析

数据来源：价格周期分析采用了价格对数完成的计算，并利用 R 语言 BFAST package 计算获得。

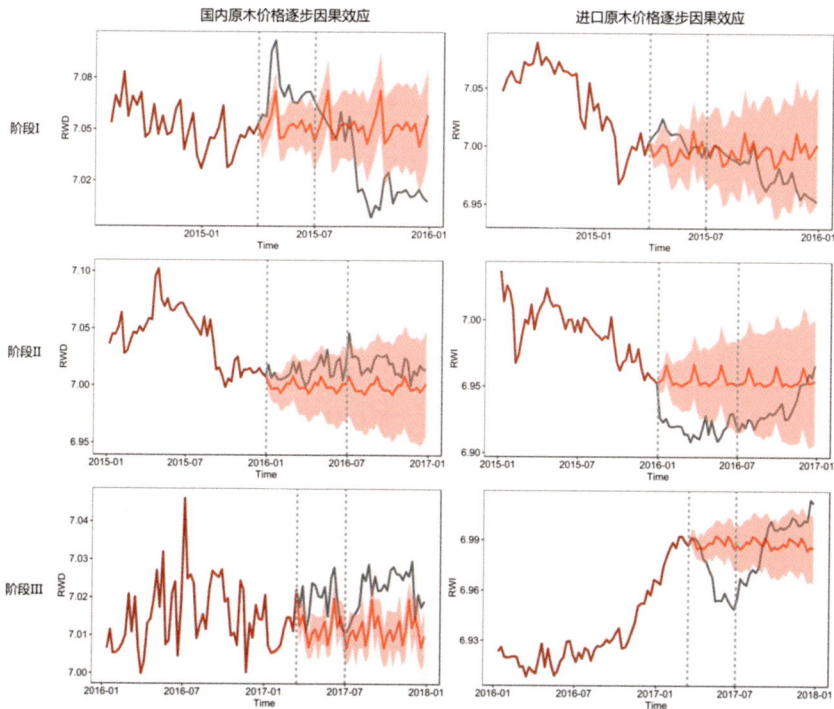

彩图28　天然林全面商业禁伐政策对RWD和RWI的影响效应

数据来源：黑色曲线为价格真实值，红色曲线为模型预测值，阴影部门为95%的置信区间。

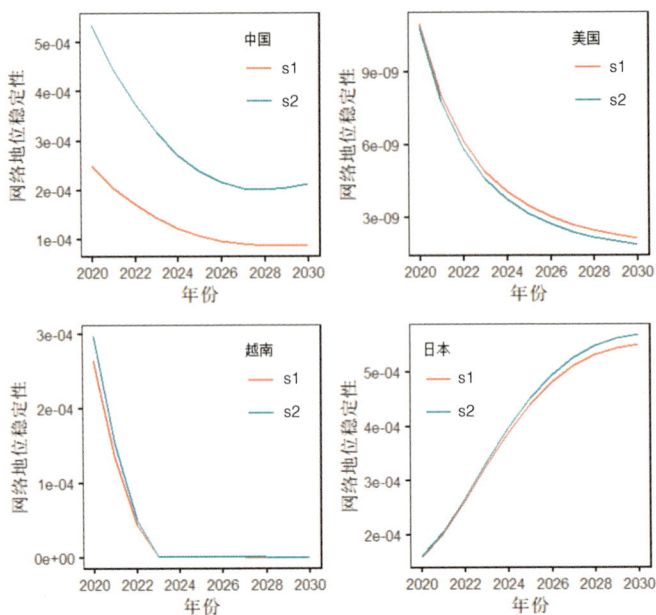

图29　不同情景下主要国家网络结构稳定性预测结果

数据来源：利用R语言计算获得。

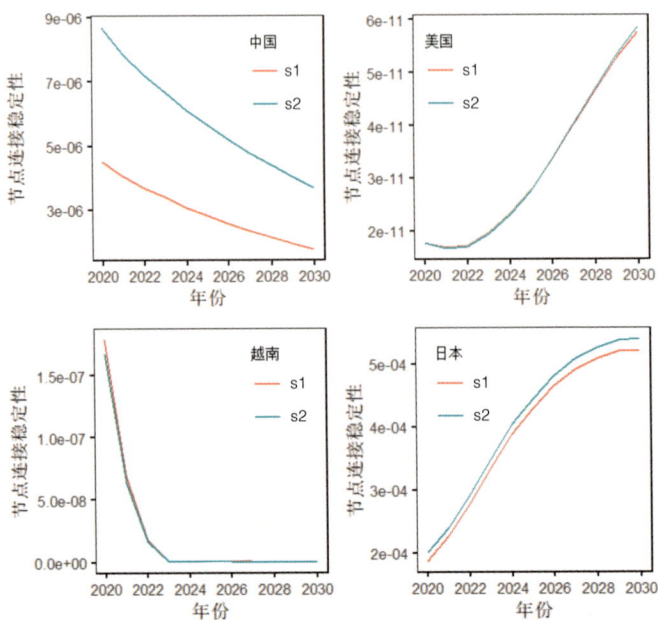

彩图30　不同情景下主要国家节点连接稳定性变化趋势

数据来源：利用R语言计算获得。

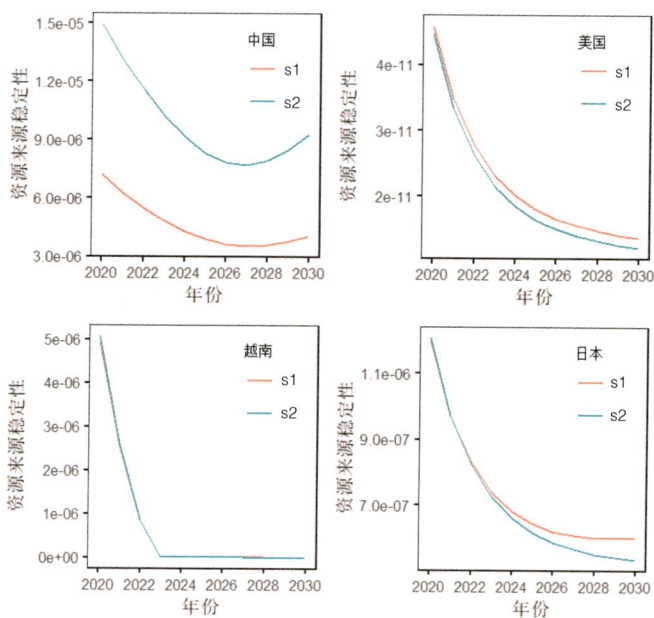

彩图31　不同情景下主要国家资源来源稳定性变化趋势

数据来源：利用R语言计算获得。

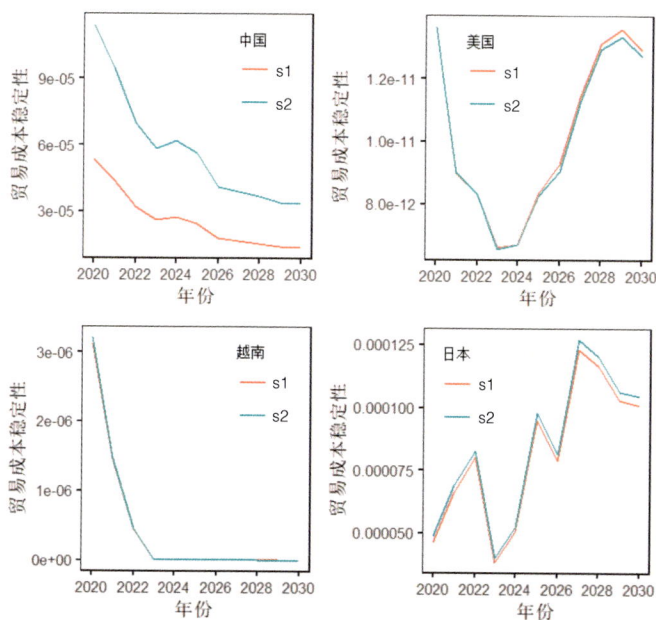

彩图32　不同情景下主要国家贸易成本稳定性变化趋势

数据来源：利用R语言计算获得。

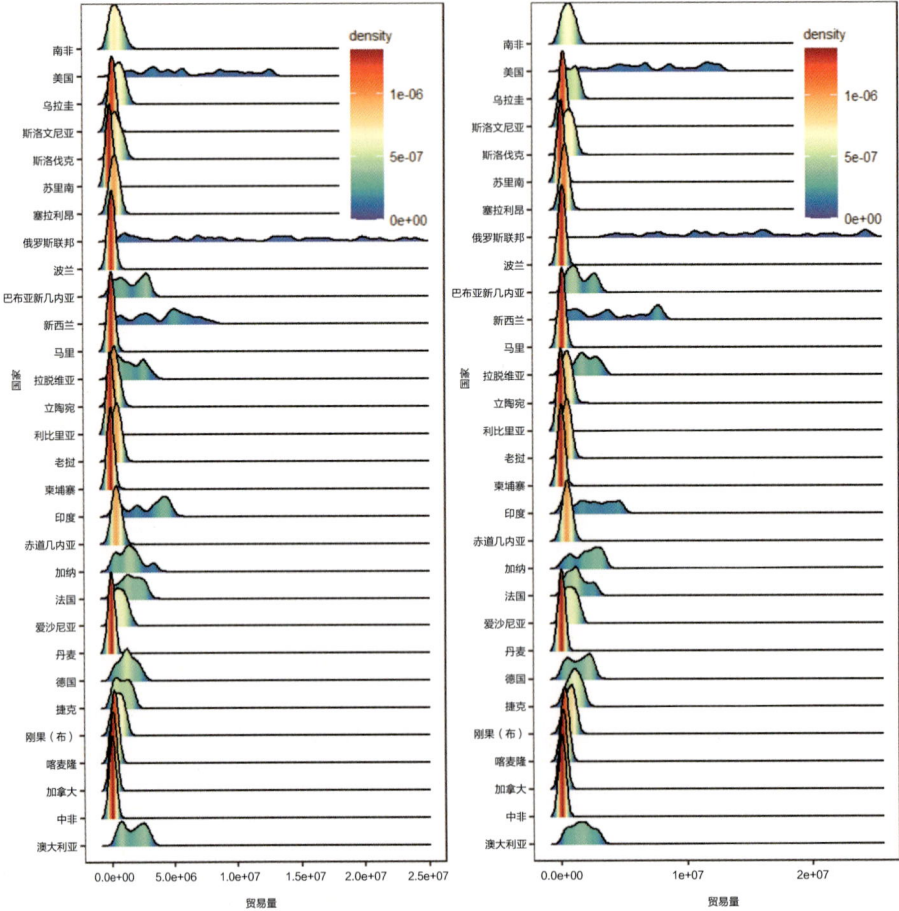

（1）情景s1　　　　　　　　　　　　　（2）情景s2

彩图33　无约束条件下中国原木进口量的分布情况

数据来源：利用R语言优化活动。

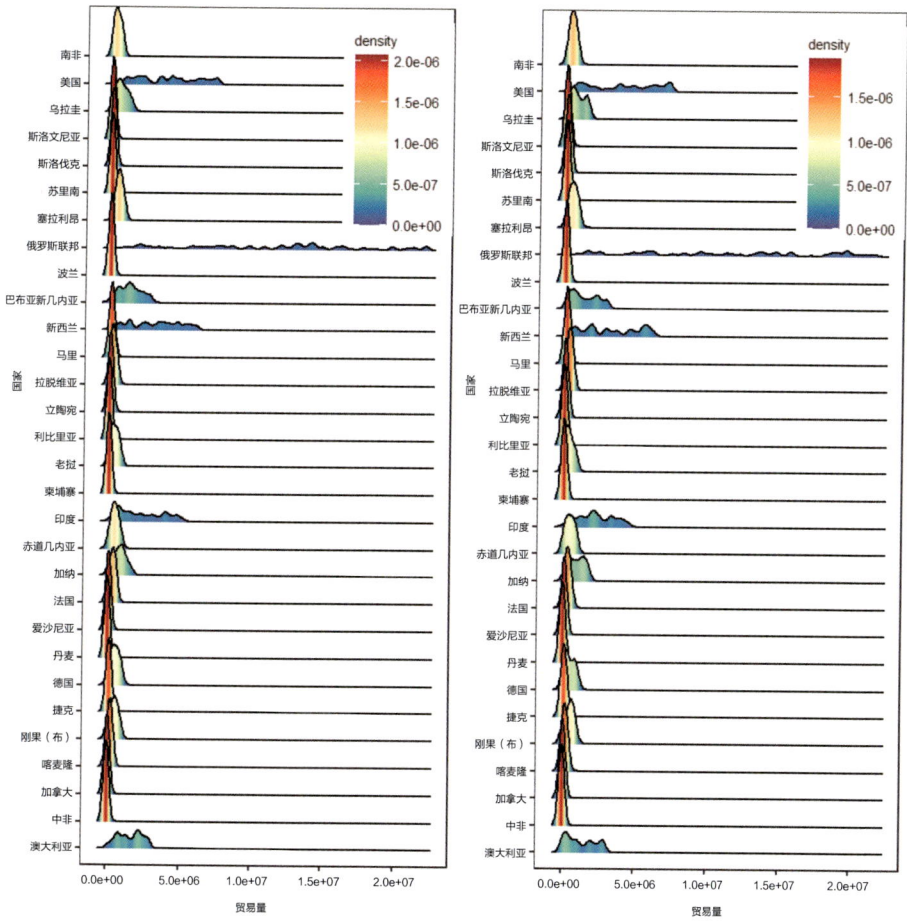

（1）情景s1　　　　　　　　　　　　　　（2）情景s2

彩图34　有约束条件下中国原木进口量的分布情况

数据来源：利用R语言优化活动。